Das Buch

Phillip von Senftleben kann keine Frau widerstehen: In seiner Radiosendung «Der Flirter» hat er Hunderte von Frauen dazu verführt, ihm ihre Privatnummer zu geben. Sein Geheimnis: Charme, Witz, überraschende sprachliche Wendungen und hier und da eine wohldosierte kleine Frechheit. Phillip von Senftleben verrät seinen Lesern die erfolgreichsten Flirtstrategien, gibt praktische Hilfestellung und zeigt nicht zuletzt, wie wir – in jedem Bereich des Lebens – Menschen flirtend für uns einnehmen können. Sein Motto: Flirten kann jeder lernen.

Der Autor

Phillip von Senftleben studierte Jura in Hannover und Berlin. Nebenbei arbeitete er als Journalist, Filmkritiker und Drehbuchautor. Seit 2005 widmet er sich professionell dem Flirten: Er gibt Flirtseminare und ist mit seiner Radiosendung «Der Flirter – Phillip von Senftleben» bundesweit zu hören.

Weitere Informationen erhalten Sie unter
www.der-flirter.de. Kontakt zum Autor über
www.stiller-entertainment.de

Phillip von Senftleben

Das Geheimnis des perfekten Flirts

So werden Sie unwiderstehlich

Rowohlt Taschenbuch Verlag

Originalausgabe
Veröffentlicht im Rowohlt Taschenbuch Verlag,
Reinbek bei Hamburg, Mai 2008
Copyright © 2008 by Rowohlt Verlag GmbH,
Reinbek bei Hamburg
Ein Projekt der Stiller Entertainment GmbH
Umschlaggestaltung ZERO Werbeagentur, München
(Foto: Gary S. Chapman/Getty Images)
Satz Minion PostScript, InDesign,
bei Pinkuin Satz und Datentechnik, Berlin
Druck und Bindung CPI – Clausen & Bosse, Leck
Printed in Germany
ISBN 978 3 499 62397 4

Für Dick Stiller!

INHALT

Vorwort: Liebe Machen! 9

Grundsätzliches 13
Liebe 13
Die Grade der Liebe 17
Die Natur als Verbündete 22
Das wunderbare Ich 26
Der Empathiekick 34
Intuition 39

Konkretes 46
Auffallen 46
Nervosität 54
Mut 57
Die Flucht in die Rolle 60
Körpersprache 66
Stimme 74
Humorfaktor I: Ironie und Selbstironie 77
Humorfaktor II: Erste Worte 81
Der Minimalflirt 88
Konversation 91
Das Ignoranzspielchen 102
Faszination und Leidenschaft 107
Gemeinsame Erlebnisse 115

Höflichkeit   118
Charme   122
Komplimente   126
Unaufdringlichkeit   131
Lügen   135
Sex   138
Abschiede   143
Hoffnungslose Fälle   148

*S*PEZIELLES   *150*
SMS   150
Briefe und Mails   154
Am Telefon   165

*V*ORSICHT!   *184*

*A*NHANG:
Komplimente und Liebeserklärungen,
die funktioniert haben   186

Danksagung   191

Vorwort: Liebe machen!

Sie haben gerade ein Buch über das Thema «Liebe» erworben – falls Sie es noch nicht gemerkt haben sollten.

Danke, dass Sie mir diese kleine Einstiegsfrechheit vergeben, denn so haben Sie bereits eine der ersten Flirtstrategien an sich selbst erlebt: zu irritieren durch eine charmante Unverschämtheit. Sie merken, dass ich bereits mit meinen Lesern flirte.

Vielleicht kennen Sie meine Radiosendung, in der ich als «Flirter» oder «Womanizer» auftrete. Dort rufe ich Damen an ihrem Arbeitsplatz an und verführe sie dazu, mir ihre private Telefonnummer zu geben (damit ich sie später eventuell noch zu anderem verführen kann). Nach den Aufnahmen kläre ich die Angerufene natürlich auf, dass meine Offerten leider nicht gänzlich ernst gemeint waren. Das Gewinnende an der Angelegenheit ist jedoch, dass ich im Nachgespräch immer die Gelegenheit zu einer kleinen Analyse des Anrufs habe, die mir – und nun auch Ihnen als Leser – einen wunderbar authentischen Einblick in das Denken und Verhalten Flirtender gibt.

Was immer Sie sich nun von der Lektüre dieses kleinen Buches erwarten, Sie können sicher sein, von jemandem durch das Themenfeld geführt zu werden, der sich selten mit etwas anderem befasst.

Ich will mich hier aber nicht nur dem Flirten widmen, sondern deutlich darüber hinausgehen und zeigen, dass man lernen kann, Liebe entstehen zu lassen. Denn Liebe in ihren verschiedenen Abstufungen ist das, was uns auf unvergleichliche Weise für Genuss sensibilisiert, den Lebenssinn ahnen lässt und das Beste in uns zum Vorschein bringt.

Dazu sind zwei Dinge unerlässlich: Sie müssen Ihr Gegenüber verstehen – und sich selbst. Ich möchte mit diesem Buch Ihren Blick für beides schärfen.

Gleich zu Beginn muss ich allerdings mit einer brutalen Realität aufwarten: Erfolgreich zu flirten, gar Liebe entstehen zu lassen, ist mitunter aufwendig. Manche Mechanismen erscheinen auf den ersten Blick ungewöhnlich oder kompliziert. Bitte lassen Sie sich davon nicht abschrecken; versuchen Sie, sich einfach Kapitel für Kapitel auf das Thema einzulassen. Behalten Sie im Hinterkopf: Flirten ist kein Wettkampf, sondern soll in erster Linie Vergnügen bereiten.

Bewusst habe ich die Texte in übersichtliche Abschnitte gegliedert, damit ein Gedanke immer so prägnant wie möglich vermittelt werden kann. Wenn Sie mögen, schreiben Sie doch einfach Stichwörter an den Rand. Dann können Sie das, was Sie interessiert, schnell wiederfinden und sich gleichzeitig einen individuellen Schnellkurs gestalten.

Eins noch: Alle von mir im Folgenden erklärten Taktiken werden zwar überwiegend aus Männersicht geschildert, gelten aber natürlich generell auch für Frauen. Sollten in speziellen Situationen die Geschlechterrollen nicht austauschbar sein, wird natürlich auch die Frauensicht gewürdigt.

Nichts schmeckt besser als ein begehrlicher Kuss. Und davon sollen Sie bekommen. Und nicht zu knapp.

Ich freue mich auf Ihre Erfolge – wirklich!

Ihr
Phillip von Senftleben

GRUNDSÄTZLICHES

LIEBE

*Die einzige Möglichkeit,
die Gunst der Frauen zu erlangen,
die für Geld nicht zu haben sind, ist Liebe.*

François de la Rochefoucauld

Alles beginnt mit einem Blick, einem Wort, einem Flirt. Und doch muss man sich darüber im Klaren sein, dass es die Mechanismen der Liebe sind, die einen Flirt erfolgreich machen. Vielleicht sollten wir erst einmal versuchen zu verstehen, warum wir Liebesbeziehungen überhaupt eingehen. Wie stellen sie sich heute dar?

Die Partnersuche wird zwar immer ausgefeilter, die Beziehungen aber immer kürzer und liebloser. Viele sehnen sich nach hingebungsvoller, fürsorglicher, erwiderter Liebe. Gleichzeitig scheint kaum noch jemand zur Liebe fähig zu sein. Ist es die mangelnde Bindungsfähigkeit, die dazu führt, dass Beziehungen heute nicht mehr halten? Oder der mangelnde Wille? Ist unsere Welt zu einem Raum geworden, in dem man ohne eine auf Dauer angelegte Paarbeziehung überleben kann, weil es Single-Tiefkühlkost und Zwei-Zimmer-Apartments gibt? Ist das Single-Dasein mit gelegentlichen Eine-Nacht-Eskapaden das, was sich Menschen schon immer erträumt haben? Es scheint fast so, dass kaum jemand mehr in der Lage ist, das Leben mit einem anderen Menschen langfristig zu teilen. Alle Statistiken belegen, dass die sogenannte serielle Monogamie (das aufeinanderfolgende Zusammensein mit jeweils einem Partner) einerseits und das Beibehalten eines eigenen Haushalts andererseits ein Trend sind. Dagegen ist auch gar nichts einzuwenden, schon in den 70er Jahren lebte Woody Allen vor, wie glücklich jeder Einzelne in einer Paarbeziehung sein kann, wenn nur jeder seine eigene Wohnung behält.

Das Problem ist allerdings, dass es nur wenigen Menschen gelingt, einen Partner wirklich dauerhaft an sich zu binden: Viele Menschen sind schlicht nicht liebesfähig. Nicht liebesfähig in zweifacher Hinsicht: a) Sie selbst können nicht lieben, und b) sie werden nicht geliebt, weil es ihnen nicht gelingt, jemanden dazu zu bringen, sie zu lieben.

Das tut der Tatsache keinen Abbruch, dass sich da draußen in den Großstadtballungen und auf einsamen Dorfstraßen Tausende nach einem Partner sehnen. Aber kaum jemand ist in der Lage, jemanden für sich zu gewinnen. Außer mir.

Erwähnte ich schon, dass ich gerne übertreibe? Aber in jeder Übertreibung steckt ein wahrer Kern: Selbst diejenigen, die einen Partner haben, sind häufig unzufrieden. Wie oft höre ich: «Mein Freund ist nett, wir sind seit drei Jahren zusammen. Aber wir sehen uns immer seltener, und wenn, dann sitzt er vor dem Fernseher.» Unzufriedenheit rührt zunächst von einem Anspruchsdenken her. Wer viel wünscht, braucht viel und wird unzufrieden oder enttäuscht, wenn er es nicht bekommt. Das Problem liegt allerdings nicht darin, einen gewissen Anspruch an sich und den Partner zu haben. Sondern darin, dass sich derjenige, der viel wünscht, nicht mit wenig begnügen darf. Liebe zu schaffen ist ein aufwendiger Prozess, der mit dem Flirten beginnt. Dem damit verbundenen «Aufwand» scheint sich kaum noch jemand stellen zu wollen. Da es ausreichend Ersatzbefriedigungen gibt, schiebt man sich lieber ein geschmacksverstärktes Mikrowellen-Gericht in den Ofen und lässt sich von medialer Serien-Dumpfheit einnebeln – am besten zeitgleich: Man isst vor dem Fernseher. Viele Menschen trösten sich so über einen Mangel hinweg, den sie kaum noch bewusst als solchen wahrnehmen, surfen trotz vorhandenen Partners im Internet und schauen, was sich sonst so tun lassen könnte.

Nicht dass Sie mich falsch verstehen: Ich verlange hier keinen bestimmten Lebensstil von Ihnen! Bleiben Sie mit Ihrem geliebten Partner zusammen oder nicht! Lieben Sie einen oder drei Menschen gleichzeitig, aber lieben Sie – und verschenken Sie nicht wunderbare Augenblicke und Jahre, weil Sie die Suche nach und das Erschaffen von Liebe aufgegeben haben.

«Liebe ist die einzige Wahrheit, nicht, weil sie Erkenntnis birgt, sondern weil sie für Momente fraglos macht», habe ich einmal bei einem meiner Radioflirts gesagt. Das soll heißen: Eine tiefempfundene Wahrheit muss nichts mit Erkenntnissen zu tun haben. Dass man Augenblicke erlebt, die einem jede Angst und jede Neugier nehmen, weil man einfach vollständig erfüllt ist von sich und dem Augenpaar gegenüber, das sind die Augenblicke, die unbesiegbar machen. Wer so etwas erlebt, gewinnt die Kraft, vieles zu meistern.

Ich hoffe, nicht wie ein Guru zu klingen, aber da ich genau diese Momente kenne, möchte ich, dass Sie sie erleben oder wiedererleben. Ich behaupte, die Liebe zu verstehen, und ich behaupte, Liebe selbst erleben und in einem anderen Menschen hervorrufen zu können – mit den Mitteln des Flirts. Relativ gezielt und immer wahrhaftig.

Wie das geht, erkläre ich im Folgenden: Wir werden verstehen, wie Flirtmechanismen ablaufen, und Vorgehensweisen lernen, die Liebe erwecken. Und auch die Erotik soll nicht zu kurz kommen: Wir werden begreifen, dass Sex (und dazu wollten Sie doch endlich etwas von mir hören, oder?) ohne Liebe meist hoffnungslos langweilig sein muss, weil vertrauensvolle Hingabe nicht in einer Nacht entsteht.

Obwohl die Liebe das Wichtigste im Leben eines Menschen ist, möchte ich ihre Heiligkeit etwas entzaubern. Je abgeklärter wir zunächst die dahinterstehenden Mechanismen betrachten, desto entspannter können wir sein, wenn es um die Liebe selbst geht.

- Der Motor des Lebens ist die Liebe.
- Fast jeder sucht Liebe.
- Auch beständige Beziehungen können lieblos sein.
- Echte Liebe muss man sich erarbeiten.
- Liebesfähigkeit ist lernbar.

DIE GRADE DER LIEBE

Sag mir, Kind, was Liebe ist.
Ein Stern in einem großen Haufen Mist.

Heinrich Heine

Viele Frauen, die ich liebte, mussten sich erst daran gewöhnen, dass ich das Ausmaß der jeweiligen Liebe auf einer Skala von 1 bis 10 einordne. Es erscheint natürlich sehr nüchtern, etwas, das nach weitverbreiteter Meinung «unerklärlich» ist, knallhart in Zahlen zu messen. Aber ich versichere Ihnen, dass dies in keinem Fall die romantischen Aspekte oder das Leidenschaftliche, das Sensible mindert, sondern Ihnen vielmehr hilft, das Flirten – und die Liebe! – besser zu verstehen. Es geht hier einfach darum, dass Sie ein Maß an die Hand bekommen, mit dem Sie Ihre eigenen Liebeserfahrungen werten können. Es gibt auch in der Liebe gewisse qualitative Abstufungen – so unromantisch das auch klingen mag.

Gehen wir auf die unterste Stufe, *Stufe 1*. Diese Form der Liebe enthält eine Portion gesunde Selbstlosigkeit, die etwa dazu führt, dass man einer alten Dame über die Straße hilft oder die Frage nach dem Weg beantwortet. Stufe 1 heißt eigentlich nur «Mensch sein», eine Tötungshemmung zu besitzen, zu leben und leben zu lassen. Sie erfordert lediglich eine minimale Opferbereitschaft; man ist kaum geneigt, für den anderen viel Mühen auf sich zu nehmen oder gar Geld aufzuwenden. Auf dieser Stufe jemand zu küssen wäre ziemlich unangebracht.

Stufe 2 ist bereits etwas Besonderes. Ein Mensch, dem gegenüber man auf Stufe 2 empfindet, genießt ein gewisses Maß unseres Vertrauens. Eine entfernte Tante, die man nur zu Hochzeiten und Konfirmationen sieht, mit der man beim Über-die-Straße-Helfen noch ein paar Worte über die Verwandtschaft wechseln würde. Küssen nur als Begrüßung und nur auf die Wange.

Stufe 3 ist eine gefährliche Vorstufen-Ebene, die eindeutig sexuell gefärbt ist. Ein Lächeln in einem Restaurant kann zu Stufe 3 führen, wenn daraus ein Gespräch entsteht. Stufe 3 kann bereits eine sanfte, frühe Verliebtheit sein und einen Kuss rechtfertigen, wenn er Ausgangspunkt für mehr ist.

Stufe 4 ist in sexueller Hinsicht auf jeden Fall Kussreife, in asexueller vielleicht eine nicht sonderlich tiefe Bruderliebe oder eine starke Liebe zu einem Haustier. (Wer ein Haustier mit mehr als einer «4» liebt, sollte sich einmal ernsthaft Gedanken machen.)

Stufe 5 kann die frühe Phase einer aufkeimenden Partnerschaft sein. Herzklopfen ist angesagt, und man entdeckt viele Gemeinsamkeiten aneinander. Der Blick auf den anderen ist bereits nachsichtig und schönfärberisch. Menschen, die auf Stufe 5 lieben, sind zu hingebungsvollem Sex bereit, denn es kommt Vertrauen auf.

Stufe 6 reicht auf jeden Fall für eine solide Beziehung und ist in zwischengeschlechtlichen Verbindungen ein Glücksfall. Man kann Geschwisterliebe auf dieser Ebene ansiedeln, die Opferbereitschaft in Bezug auf den anderen ist hoch. Stufe 6 zeigt, dass zwei Menschen das Besondere aneinander wahrnehmen und bereit sind, sich einander zu öffnen.

Stufe 7 markiert einen süßen Liebeswahn. Die Wahrnehmung des Gegenübers wird immer subjektiver, und man verzeiht einander vieles. Eine gesunde Mutterliebe spielt sich auf dieser Ebene ab.

Stufe 8 ist das permanente Kribbeln, das Erblicken einer gemeinsamen Perspektive, der Kinderwunsch. Wer Stufe 8 erreicht, kann sich sehr glücklich schätzen, denn nicht jeder Mensch ist zu so viel seelischer Hingabe fähig. In sexueller Hinsicht kann sich hier ein Dauerreiz einstellen. Zugreifen und ausleben! Es ist ernst geworden.

Stufe 9 können nur wenige erklimmen. Schafft man es dennoch, diktiert das Herz das Denken. Man fürchtet nichts mehr, als den anderen zu verlieren. Teilt man jetzt viele Interessen miteinander, kann gemeinsam lachen und findet immer neue Gesprächsthemen, ist die goldene Hochzeit nicht mehr weit. Die Gefühle werden konstant bleiben, wenn beide sich umeinander bemühen.

Stufe 10 ist Raserei. Das Gefühl, als Paar völlig perfekt zu sein, nie zuvor eine solche Liebe empfunden zu haben, stellt sich ein. Die Emotionslage umfasst Momente fragloser Glückseligkeit, und wer diese Stufe erreicht hat, wird für vieles unangreifbar. Der andere wird zur Religion, zur Wahrheit, zum eigenen Ich. Die perfekte Verschmelzung von Seelen. Wenn man hier an der Beziehung arbeitet und sich nicht gegenseitig in der Entwicklung hemmt, hat man den Lebenssinn verstanden, zumindest hat man ihn gespürt. Die «10» ist durchaus nicht jedem Menschen zugänglich. Eine große Fähigkeit zur Leidenschaft und Empathie sind dafür nötig.

Sie merken, ich kenne diese Stufe. Leider ist selbst die «10» keine Garantie für die Dauerhaftigkeit einer Beziehung.

Wenn Sie Ihre letzten Beziehungen einmal nach dieser Liste überdenken, welche Stufe haben Sie erreicht? Wenn Sie ehrlich sind, müssen Sie vermutlich zugeben, dass es da durchaus noch etwas für Sie zu entdecken gibt. Ich persönlich habe festgestellt, dass man tiefer lieben kann, je erfahrener man wird: erfahren mit sich selbst und seiner Umwelt. Man kann Liebe ganz anders werten, wenn man vergleichen kann, den Lauf der Welt ein bisschen besser versteht. Erinnern Sie sich einmal an Ihre Jugend: Was Sie damals, mit 18, für Liebe hielten, können Sie mit 35 möglicherweise nicht mehr ganz ernst nehmen. So rein und intensiv die erste Liebe auch gewesen sein mag, man konnte sie doch gar nicht wirklich einschätzen.

Die Formel «Je größer die Kennerschaft, desto größer der Genuss» gilt wohl für viele Lebensbereiche: Wenn man nur einen einzigen Kinofilm kennt, ist man von ihm womöglich begeistert. Kennt man jedoch Hunderte, kann man vergleichen und stellt unter Umständen fest, dass sehr viel bessere als der erste darunter waren. Zum Bewerten sind also zwingend Erfahrungen nötig. (Das gilt natürlich und gerade auch für das Flirten. Wir werden jeden Tag trainieren; Flirten wird für uns zu einer wunderbaren Routine werden. Dazu später.)

Das Gefühl, füreinander gemacht zu sein, stellt sich nur selten ein. Aber auch die Liebe ab Stufe 7 lässt sich nur von Menschen erreichen, die lieben gelernt haben.

Vielleicht können wir die Liebe am besten in ihrer urtümlichsten Ausprägung verstehen: der Mutterliebe. Sie ist eine extrem tiefgreifende Variante des Phänomens Liebe, die im Grunde auch von der Eigenliebe der Mutter getragen wird: Sie liebt ihr eigenes Erbgut so sehr, dass sie dessen Weitergabe gewährleisten will. Mit äußerster Hingabe und unter Aufgabe aller anderen Interessen wird immer das Wohlergehen ihres Kindes ihr Handeln bestimmen.

Die Liebe zwischen ehemals Fremden, eine von der Mutterliebe also eigentlich weit entfernte Liebe, ist im Grunde eine abgemilderte Form ebendieser Mutterliebe: Es gilt, die geliebte Person zu beschützen. Hierbei wiederum gewinnt aber auch der Liebende, denn durch den Lebenserhalt des Partners wird ja (zumindest aus rein biologischer Sicht) die eigene genetische Reproduktion ebenfalls gewährleistet. Liebe in all ihren Formen ist also immer eine mehr oder weniger abstrakte Abwandlung der Mutter- oder Elternliebe.

Bei aller Kühle meiner Betrachtungen vergessen Sie bitte nicht, die Grazie und Schönheit von Liebe wahrzunehmen, denn ich vergesse es auch nicht ... Lernen wir also weiter im nächsten Kapitel.

- Die Grundlage für jeden Flirt sind Mechanismen der Liebe.
- Liebe ist bis zu einem gewissen Grad berechenbar.
- Liebe funktioniert auf verschiedenen Intensitätsstufen.

DIE NATUR ALS VERBÜNDETE

*Der Mann begehrt die Frau,
die Frau begehrt das Begehren des Mannes.*

Samuel Taylor Coleridge

Auch in diesem Kapitel bleiben wir noch bei den Grundlagen, bevor es dann schnell zur Sache geht und ich Sie endlich ans Flirten heranführen darf. Aber für unser Vorhaben ist es wichtig zu wissen, dass wir die Natur auf unserer Seite haben: Es ist doch wundervoll, dass es überhaupt zwei Geschlechter gibt. Haben Sie sich einmal gefragt, warum das so ist?

Die Erklärung liegt auf der Hand: die Erhaltung der Art. Sie ist immer an ihre Überlebensfähigkeit geknüpft. Überlebensfähigkeit in einer feindseligen Umgebung voller Konkurrenzlebewesen ist wiederum ein Gut, das erkämpft werden muss. Als urzeitlicher Mensch musste man sich gegen reißende Fleischfresser in Tiger- oder Bärengestalt ebenso wehren können wie gegen kleine und kleinste Widersacher, z. B. Viren. Im Laufe der Evolution geschieht dies durch Anpassung. Dieser Anpassungsprozess ist eine extrem langwierige Angelegenheit, die dazu führte, dass wir an Schnupfen nicht mehr sterben und durch den Einsatz eines angepassten Hirns in der Lage sind, Häuser zu erbauen, in die Tiger und ähnliche Wildtiere hoffentlich nur selten eindringen.

Je erfolgreicher die Anpassung, also je stärker, überlebensfähiger etc. ein Mensch war, desto größer die Chance, als Fortpflanzungspartner gewählt zu werden. Denn fortpflanzen konnten sich nur die Gewinner der Anpassung, denen es selbst oder deren Vorfahren es gelang zu überleben. Wir alle sind also die *Kinder der Gewinner*. Was so wahr ist, dass es sich fast reimt.

Ein weiterer, unsagbar wertvoller Vorteil beim Flirten ist das Wissen darum, dass die Paarung unterbewusst von beiden Geschlechtern GEWOLLT ist. Wenn wir flirten, sind wir zwar Angreifer, aber einer, der im Grunde nur das Beste für und von seinem Flirtpartner will. Diese Erkenntnis sollte uns bereits jetzt die Grundangst vorm Flirten nehmen.

Vergessen Sie also bei allen Flirt-Aktivitäten niemals, dass das Gegenüber im Grunde das Gleiche will wie Sie: seine genetischen Informationen als wertvoll darzustellen und mit anderen wertvollen zu kombinieren. Der erstaunlich angenehme Weg, über den sich diese Weitergabe und Verbesserung vollzieht, ist eine Triebfeder unserer Existenz: die gescholtene, gepriesene, auf jeden Fall aber wundervolle SEXUALITÄT. Es ist die Natur selbst, die uns den Weg zur Genweitergabe in jeder Hinsicht versüßt hat. Mit Gerüchen, mit Formen, mit Empfindungen. Und: Sexualität ist gesund. Bereits in den Austausch eines Kusses hat die Natur eine lebensverlängernde Belohnungsfunktion gelegt, denn die Übertragung des Speichels stärkt die Abwehrkräfte. Das Schwierige an der Sexualität ist nur: Wie finde ich den passenden Partner? Das ist natürlich eine Frage, deren Beantwortung bücherdicker Abhandlungen bedürfte. Doch eigentlich sind die Techniken dazu ziemlich leicht beherrschbar, wenn man nur richtig ansetzt. Und dazu haben Sie ja nun mich.

Beim Auswahlverfahren kommt es darauf an, sich, ich erwähnte es bereits, begehrenswert zu geben. Auch das werden Sie lernen. Durch sanftes Lügen, durch angewandten Humor und vor allem durch das Wahrnehmen der Bedürfnisse des Flirtpartners – den ich jetzt schon gern «Flirtopfer» nennen möchte, denn nach der Lektüre meines Buches wird Ihnen da draußen in den Großstadtstraßen, an Dorfbushaltestellen, in

Kinos und an der Supermarktkasse niemand mehr widerstehen können.

Nun gut, wir haben festgestellt, dass wir unseren Flirtpartnern aus biologischer Sicht willkommen sind. Wir müssen aber auch begreifen, dass wir ein kompliziertes, weil häufig unbewusstes Auswahlverfahren bestehen müssen. Hierzu ist es unerlässlich, die Grundbedürfnisse von Männern und Frauen kurz zu skizzieren.

Wie bereits erwähnt, ist die Arterhaltung durch Fortpflanzung aus evolutionsbiologischer Perspektive unser Lebenssinn. Hierbei kommt der Frau eigentlich die Aufgabe zu, den Nachwuchs auszutragen und sich mit seiner Hege zu befassen. In der Steinzeit zumindest.

In Zivilisationen sind gewisse Aufgaben natürlich übertragbar, z.B. an Kindergärten, Tagesmütter, Erzieher – und Väter. Im Hinblick auf die psychische Gesundheit des Kindes war und ist ein enger Mutter-Kind-Kontakt erforderlich. Der Mann hatte währenddessen Bären zu jagen, für Wärme in der Höhle zu sorgen und so das Überleben von Mutter und Kind zu sichern. Frauen suchen also auch heute durchaus Männer, die theoretisch ihr Überleben sichern können.

Bereits in der Steinzeit lebten Menschen in kleinen Verbänden aus mehreren Familien, und natürlich gab es auch damals eine soziale Hierarchie, bei der es den Höhergestellten besser ging als den anderen. Mithin hatten die Nachkommen eines höhergestellten Mannes wegen seines Vorteils in der Nahrungsverteilung – und, sagen wir es platt: einer wärmeren Höhle – bessere Überlebenschancen.

Für Frauen galt es also bei der Partnerwahl bereits verschiedene Qualitäten zu beachten: eine körperlich-geistige und eine soziale. Ein physisch kräftiger Mann in hoher sozialer Stellung hatte so bessere Chancen als andere. Daran hat sich bis heute wenig geändert. Das Bedürfnis einer Frau nach einem *potenziellen* Ernährer ihres *potenziellen* Nachwuchses ist immer unterbewusst *ein* Kriterium für die Partnerwahl.

Nicht umsonst bekomme ich zu 90 % positivere Reaktionen auf meine Flirtversuche, wenn ich Frauen an einer roten Ampel aus einem Mercedes-E-Klasse-Kombi heraus anlächle, als wenn ich dabei in einem japanischen Kleinwagen sitze. Mercedes steht für einen hohen sozialen Status, und ein Kombi suggeriert Familiensinn. So simpel das klingt, so wahr ist es. Glauben Sie mir.

Je zivilisierter eine Gesellschaft, desto wichtiger sind Intelligenz und Geld gegenüber einer nur physischen Überlegenheit. Unter Intelligenz verstehe ich im Übrigen auch Humor, Charme und Phantasie, denn diese sind Beweis für eine hohe soziale Kompetenz. Wer sozial kompetent ist, zeigt wiederum, dass er kapiert hat, wie soziale Zusammenhänge funktionieren. Dass er das Verständnis dieser Zusammenhänge im Leben auch für sich nutzt, ist ein weiterer Ausdruck seiner Intelligenz.

Auch Kerle von eher dürftiger Statur können heute also glücklicherweise punkten, wenn sie denn über andere Qualitäten verfügen. Lassen Sie es mich auf den Punkt bringen: Geld zu haben ist kein Manko bei der Partnerwahl.

Besonders in der Kennenlernphase gefällt es der Frau, wenn der Mann bezahlt. So braucht sie zunächst nicht ihre finanziellen Ressourcen anzurühren, die ja auch Sicherheit in jenem Falle darstellen können, dass sie sich irgendwann mit einem Partner arrangieren muss, der in dieser Hinsicht nicht ihren Anforderungen entspricht.

Glücklicherweise ist es aber auch ein Höflichkeitsmerkmal, dass der Mann bei Verabredungen bezahlt. Was nicht heißt, dass mir Frauen nicht schon einmal fast eine Szene gemacht hätten, weil sie unbedingt ihren Anteil an einem Abendessen bezahlen wollten. Da gab es z. B. Kathrin, eine 27-jährige Architektur-Studentin, die mir im Rahmen der Kampfhandlungen um die Bezahlung im Restaurant – in Anwesenheit des Kellners – doch tatsächlich mit der Gabel in die Hand stach. Ihre Reue bekundete sie dann später in weit sanfteren Handgreiflichkeiten, als wir bei ihr zu Hause waren ...

- Die Natur ist unsere Verbündete.
- Männer und Frauen wollen grundsätzlich dasselbe.
- Stärken dürfen wir dezent zeigen.
- Schwächen kann man ausgleichen.

DAS WUNDERBARE ICH

Erst wenn Du bei Dir selbst entschieden hast,
was Du wert bist und was nicht,
bist Du davon frei, vom Urteil anderer zu leiden.

Johann Wolfgang von Goethe

Es ist ein offenkundiges Phänomen, dass sich Menschen ihres sexuellen Marktwerts (Erich Fromm) sehr bewusst sind. Die Frage für jeden Einzelnen ist nur, wie reagiere ich auf meinen sexuellen Marktwert? Übergewichtige, unattraktive Menschen legen sich zuweilen ein extrem aggressives Selbstbewusstsein zu und schirmen sich so sexuell und sozial komplett ab. Der psychologische Trick dahinter ist natürlich Selbstschutz: Ehe sie von anderen Menschen abgelehnt werden, lehnen sie die anderen Menschen ab.

Ganz gleich aber, wie es um unser Äußeres bestellt ist, werden wir uns bitte nie ablehnen. Autoren wie Neil Strauss lügen, wenn sie behaupten, Aussehen, sozialer Status und Bildungsniveau seien fürs Flirten unerheblich. Mit jedem Kilo Übergewicht, jedem Euro weniger auf dem Konto und einem niedrigen Bildungsniveau verlieren wir objektiv an Anziehungskraft. Es wäre verlogen, das zu leugnen. Die Frage ist nur, wie wir damit umgehen und ob es unserer Selbstliebe schadet. Wenn wir unsere Mankos kennen und nicht darunter leiden, sondern sie als Teil unseres Ichs anerkennen, können wir natürlich trotzdem gewinnen. Aber machen wir uns nichts vor, unsere Zielobjekte können sich nur an unserem eigenen Marktwert orientieren. Aber auch hier gilt: Ausnahmen bestätigen die Regel.

Der sexuelle Marktwert ist dabei die Summe ungemein vieler Komponenten. Status, Originalität und Aussehen gehören zu den wichtigsten. Selbstbewusstsein ist dabei im wahrsten Wortsinne unerlässlich, denn: Sich seiner selbst bewusst sein ist der Schlüssel zu allen Zielen.

Selbstbewusstsein umfasst eine gesunde Selbsteinschätzung nach objektiven Kriterien. Wenn wir in den Spiegel sehen, mag da vielleicht nicht gerade George Clooney zurücklächeln, aber auf jeden Fall jemand mit reizvollen Zügen. Wir erkennen jemand mit Geschmack, Neigungen, Vorlieben und einem Recht darauf, Anforderungen an Mitmenschen und potenzielle Partner zu stellen.

Wo sollten wir ansetzen, wenn wir jemand anderen von uns begeistern möchten? Bei uns selbst natürlich!

Wie sehr lieben Sie sich eigentlich?

Selbstliebe ist Voraussetzung, um Liebe geben zu können.

Und je schneller wir erkennen, was an uns liebenswert ist, welche Talente wir besitzen und welche nicht (und ob wir diese nutzen möchten oder nicht), desto besser können wir beim Flirten und überhaupt im Leben bestehen.

Psychologen behaupten immer, Selbstfindung sei ein schmerzhafter Prozess. Das muss und darf nicht so sein.

Ich möchte Ihnen nicht zu viel abverlangen, aber wenn Sie einfach einmal beginnen (wenn Sie es nicht bereits tun), sich selbst als Kunstwerk zu betrachten, können Sie nur gewinnen. Das Schöne an wahrer Kunst ist nämlich, dass sie über jeden Zweifel und jede Kritik erhaben ist. Nur der Geschmack des Betrachters entscheidet, ob er sie mag oder nicht. Das Kunstwerk an sich verschließt sich aber jeder objektiven Kritik. Wenn ein Bildhauer gerne Steinquader auf Rasenflächen stapelt, muss man das nicht mögen, aber die Provokation, die der Künstler vielleicht damit auslösen wollte, ist losgelöst von jeder Kritik.

Wenn wir also lernen, uns als Kunstwerk zu betrachten, sollten wir nach Goethe «davon frei sein, vom Urteil anderer zu leiden». Diese wunderbare Freiheit kann zu dem großen Genuss führen, sich selbst anzunehmen und sich letztlich auf gesunde und nicht übersteigerte Weise zu lieben. Selbstliebe ist in unserem Sinne ein eindeutig und ausschließlich positiv besetzter Begriff; nur aus einer Haltung von Eigenliebe heraus ist man dazu in der Lage, andere zu lieben.

Nicht an seinen Unzulänglichkeiten zu leiden heißt, diese zu erkennen und anzuerkennen in einem. Ich selbst weiß zum Beispiel, dass mein Talent zum Klavierspielen gerade einmal zum Hausgebrauch taugt und ich nie ein großer Klavierspieler sein werde. Aber das macht mir nichts aus, ich weiß es, habe es akzeptiert und leide nicht darunter. Ich habe andere Talente und überlasse die Konzertbühnen gerne Lang Lang und anderen Star-Pianisten.

Der Schriftsteller Helmut Krausser lässt den Helden in seinem Roman «Fette Welt» über sich selbst sagen: «Mein Geschmack ist zweifellos das Beste an mir.» Dieser kleine Satz birgt im Grunde die ganze Philosophie der Selbstliebe: Es sind unzählige Aspekte, die einen Menschen in seinem Wesen ausmachen. Seine Prägung, seine Erfahrungen, seine Entscheidungen. Was also an Eigenleistung und Besonderem eines jeden Menschen bleibt, sind Geschmack und Charakter. Selbstverständlich ist auch eine bewusste Geschmacksverweigerung letztlich Ausdruck von Geschmack.

Wenn wir jemanden kennenlernen, kommen wir im Laufe des Gesprächs unweigerlich auf Geschmacksfragen. Welche Lieblingsfilme, Lieblingsgerichte, Lieblingsmusiken hat der andere? Entdecken wir Übereinstimmungen, freuen wir uns, denn Gemeinsamkeiten schaffen immer Vertrauen.

Je ausgefallener oder exotischer hingegen der Geschmack, desto seltener findet man Übereinstimmungen: Eine Meinung zu «Titanic» (18 Millionen deutsche Zuschauer) haben mehr Menschen als zu Eric Rohmers «Claires Knie» (22 000 Zuschauer). Mit sehr speziellen Vorlieben können wir Interesse und Neugier wecken, was reizvoll sein, aber am Anfang auch verschrecken kann. Ein Golf fahrender, Popmusik hörender Fußballfan findet da draußen im Partner-Pool natürlich mehr Ebenbürtige als ein Mensch, der in seinem Alpha Spider Beethoven-CDs abspielt, während er zu einem literarischen Salon fährt.

Für unsere Flirttechnik heißt das: Je spezieller unser Geschmack, desto vorsichtiger müssen wir sein, jemanden damit zu verschrecken oder – noch schlimmer – zu langweilen. Natürlich ist immer das Zielobjekt ausschlaggebend für unsere Themenwahl.

Definieren Sie doch einfach einmal all jene Punkte in Ihrem Wesen, die Sie für wertvoll halten. Das bedeutet natürlich, ehrlich zu sich selbst sein zu können, auch wenn das nicht immer leicht ist. Es nützt nichts, sich etwas vorzumachen. Nur wenn Sie sich komplett verstehen, können Sie die Grundhaltung gewinnen, von der aus Sie selbstsicher und erfolgreich flirten können.

Aber was ist es denn nun, was wir an uns lieben dürfen und sollen? Kurz gesagt: alles. Alles, was zu sein oder nicht zu sein wir uns entschieden haben. Wenn wir von einem verwundeten Spatz angerührt werden, sind wir eben sensibel für Mitgeschöpfe – und das ist gut für uns. Wenn uns der Spatz kaltlässt, sind wir halt Pragmatiker, die der Natur ihren Lauf lassen – und das ist genauso gut.

Eine unüberschaubare Vielzahl von Umständen hat uns zu dem gemacht, was wir sind, was wir empfinden. Bei aller Selbstliebe sollten wir allerdings nicht vergessen: Wir haben Fehler und machen Fehler.

In der Juristerei gibt es den schönen Ausdruck «recht und billig», der umschreibt, dass die Meinung einer Mehrheit vernünftiger Menschen Maßstab für die moralische Bewertung einer Handlung ist. Unhöflichkeit sehen die meisten Menschen wohl als negative Eigenschaft, als Fehler an. Neigen wir selbst eher zur Unhöflichkeit, ist das zunächst nicht weiter schlimm, solange wir unhöflich sein *wollen* und damit in Kauf nehmen, dass uns andere Menschen meiden: Unhöfliche Menschen sind meist unglückliche Menschen – was uns egal sein kann, wenn wir unglücklich sein *wollen*.

Ich will damit sagen, dass wir vieles sind, *weil* wir es wollen, und fast alles sein können, *wenn* wir es wollen. Machen wir uns die Mühe, unsere Fehler zu erkennen. Ob wir dann mit ihnen leben wollen, ist unsere Entscheidung.

Nachdem wir das wissen, können wir doch eigentlich gar nicht umhin, uns selbst zu lieben, denn wir sind zu einem großen Teil ein Produkt unseres Willens: Ich will diese Schuhe tragen, dieses Auto fahren, zu diesem Menschen nett sein, zu jenem nicht. Ich will diese Musik hören, diesen Film sehen und diese Zeitschrift lesen.

Wenn Sie sich bisher Ihres Willens nicht bewusst waren, werden Sie es sich bitte jetzt. Schieben Sie nichts auf Instinkte! Wir sind einerseits Wirbeltiere, aber wir sind auch Wirbelmenschen: Wir haben also einen Willen, der ganz bewusst gegen Instinkte gerichtet sein kann – und oft auch sein muss, wenn unsere Gesellschaft überleben soll.

Es ist noch ein zweiter wichtiger Faktor zu bedenken, wenn wir erfolgreich flirten wollen: eine altruistische Grundhaltung. Sich heute immer selbstlos zu verhalten, mag recht schwierig sein, überall begegnet man brutalem Egoismus. Man braucht sich nur das Verhalten im Straßenverkehr anzusehen: Es wird quer über drei Parkplätze geparkt, beim Spurwechsel selten der Blinker betätigt und beim Überholen genötigt, wo es nur geht. Unsinniges Aufregen ist jedoch Energieverschwendung. Seit ich mich vor Jahren ganz bewusst dafür entschieden habe, mich nicht mehr über derartig banale Dinge zu ärgern, sondern, im Gegenteil, Verständnis dafür zu zeigen, lebe und fahre ich viel entspannter. Drängelt sich heute im Verkehr jemand frech vor, schneidet mich oder überfährt fast zwölf Passanten, sage ich zu mir «Der junge Mann hat's wohl eilig» und halte meinen Herzschlag konstant.

Menschenliebe, der Hauptanteil des Altruismus also, gepaart mit freundlichem Verständnis überkommt mich immer, wenn ich von Menschen etwas will. Ob ich etwas verkaufen, kaufen oder eine Frau gewinnen will, zunächst begegne ich meinem Gegenüber mit Arglosigkeit, dass mir beinahe Blümlein aus den Wimpern sprießen. Nie gehe ich gleich davon aus, dass mir jemand etwas Böses will. Ich gebe jedem erst einmal die Chance, gütlich mit mir auszukommen.

Diesen Vertrauensvorschuss kann das Gegenüber aber sehr schnell verspielen. Ist ein Verkäufer genervt, statt freundlich und zuvorkommend, beginnt für mich sofort der Kampf, auf jede erdenkliche – auch unhöfliche – Weise zu bekommen, was ich will. Sagen wir: das Auto mit 23 % Rabatt. Der gleiche Kampfeswille kann auch nächtliche und freundliche Blicke mit einer Blondine einbringen.

Viele Menschen sind zu Recht genervt von ihren Jobs, und Frauen wollen keinesfalls von jedem Kerl angemacht werden. Ein Verkäufer würde sich im Grunde seine Kunden genauso gerne auswählen können wie eine Frau ihre Verehrer.

Als Kunde oder Verehrer reduzieren wir unser Gegenüber jedoch häufig auf seine Funktion. Eine unbekannte Frau wird, sobald wir sie attraktiv finden, zu einem Sexobjekt – ein Verkäufer zum Mittler für unser materielles Glück. Diese Sichtweise auf Menschen ist zwar naheliegend, kann unter Umständen aber auch verletzend sein, wenn sie die einzige Wahrnehmungsform ist. Dabei können wir unser Gegenüber sehr schnell für uns einnehmen, wenn wir es nicht nur auf eine bestimmte Rolle reduzieren. Probieren Sie es einfach mal aus: Eine Frau ist oft hingerissen, wenn man in ihr den Menschen und nicht (nur) die Frau wahrnimmt. Und einen Verkäufer oder sonstigen Dienstleister kann man mitunter begeistern, indem man in ihm auch den Vater, Hobbygitarristen oder Motorradfahrer sieht. Umgekehrt möchten wir selbst ja auch nicht nur auf unsere Arbeit als Banker, Journalist oder Mechaniker reduziert werden. Erkennen wir also, dass uns immer ein Mensch gegenübersteht, von dem wir gerade nur eine bestimmte Facette zu sehen bekommen.

Muss ich die dritte wichtige Voraussetzung für einen erfolgreichen Flirt und erfolgreiche Beziehungen generell überhaupt noch nennen? Es ist die Empathie, das Einfühlungsvermögen.

Der Zusammenhang von Selbstliebe und Menschenliebe liegt hoffentlich auf der Hand: Ein zufriedener Mensch, der seine Grenzen kennt und dieses Wissen für sich nutzt, kann souverän handeln. Er macht sich unangreifbar, braucht Konkurrenz nicht zu fürchten, da er sich einschätzen kann, weil er sich selbst *erkennt, kennt* und gefälligst (!) *liebt*.

Nun heißt es nur noch, die Bedürfnisse des anderen zu erkennen und darauf zu reagieren. Natürlich können und wollen wir dessen Bedürfnisse nicht komplett befriedigen. Nein, aber dadurch, dass wir uns verständig zeigen, wird das Gegenüber ganz langsam Vertrauen entwickeln. Verstehen Sie mich nicht falsch, es geht keinesfalls darum, das Vertrauen zu missbrauchen. Wenn wir aber eine andere Person in unsere Strategien einbinden, brauchen wir ihr Vertrauen. Selbst für einen One-Night-Stand ist ein Mindestmaß davon notwendig.

Zunächst sollten Sie daran arbeiten, sich selbst zu vertrauen – dann können Sie durch Empathie auch das Vertrauen anderer gewinnen.

- Beginnen Sie, E-I-G-E-N-L-I-E-B-E zu praktizieren!
- Konfrontieren Sie sich mit Ihren Fehlern!
An einigen können Sie etwas ändern –
wenn Sie es denn wollen –, an anderen nicht.
Letztere sollten Sie einfach akzeptieren und ebenso lieben
wie die Dinge, die Ihnen an sich gefallen.

> - Versuchen Sie, auch einmal selbstlos zu sein
> und Menschenliebe zu entwickeln –
> dann können Sie anderen positiver gegenübertreten.
> - Seien Sie einfühlsam: Wenn Sie Menschen
> nicht nur als Objekte sehen, werden sie es Ihnen danken –
> mit Vertrauen und Küssen.

DER EMPATHIEKICK

*Die ganze Kunst beruht darauf, dass man ausspricht,
was der Zauber des Augenblicks erfordert.*

Stendhal

Wir haben bereits festgestellt, dass wir uns immer und bei jeder Entscheidung von Gefühlen leiten lassen. Natürlich gibt es auch Menschen, die nicht zu Emotionen fähig sind, das sind aber Ausnahmefälle, die wir hier vernachlässigen können.

Beim Flirten – wir sprachen bereits darüber – ist eine besondere Art des Gefühls wichtig: Empathie. Dabei ist Empathie mehr als nur Mitgefühl; sie ist die Fähigkeit, sich in andere Menschen *einzufühlen*. Wie mag es dem anderen ergehen, wenn ich dieses oder jenes sage oder tue?

Durch ein simples Fragenkonstrukt kann man die Empathie-Fähigkeit in sich einfordern. Ich sage bewusst «einfordern», weil die Anlage dazu in jedem von uns liegt. Stellen Sie sich einfach diese Frage:

WER will
WAS von
WEM
WARUM?

Wenn Sie diese Frage auf eine bestimmte Person münzen, sind Sie auf dem besten Weg, empathisch zu werden! Wenn Sie sie dann noch beantworten, richtig beantworten, haben Sie wieder eine Etappe gewonnen.

Wer will was, von wem, warum – diesen Satz kann man in Folge immer weiter konkretisieren, wobei die Bedürfnisse, das Was und das Warum, eine immer speziellere Auskunft über die jeweilige Person geben.

Wir sind von Natur aus zur Empathie befähigt, damit wir gehemmt werden, unseren Mitmenschen körperlich oder seelisch zu verletzen – denn nur so kann die Erhaltung der Art gesichert werden. Darüber hinaus ist Empathie aber auch ein ausgezeichnetes Mittel, eigene Ziele zu erreichen: Geben wir unserem Gegenüber das Gefühl, seine Wünsche und Gedanken nachvollziehen zu können, macht uns das in seinen Augen sympathischer und damit auch interessanter. Uns selbst gefällt es ja auch gut, wenn jemand unsere Wünsche erkennt oder gar erfüllt.

Empathie ist deswegen der Schlüssel, um jemanden für uns zu begeistern, weil wir zielgenau auf einen Menschen reagieren können. Kennen wir dessen Bedürfnisse, können wir feinsinniger und treffsicherer darauf eingehen. Dabei steht es uns immer frei, ob wir provozieren oder hofieren wollen.

Mag sie Robbie Williams, können wir uns abfällig (provozierend) oder begeistert (hofierend) darüber äußern bzw. gar nichts sagen – immer in Abhängigkeit zu unserer Einstellung. Wir haben es in der Hand, die gleiche, eine Gegen- oder gar keine Position einzunehmen. Wir haben es in der Hand, Gefühle des Einvernehmens, des Widerspruchs oder der Neutralität zu erzeugen, weil wir die Einstellung der Dame kennen und uns in ihre Lage versetzen können. In einer so simplen Frage wie der nach dem Musikgeschmack können wir bereits ihre Gefühle uns gegenüber ein bisschen steuern. Das ist die erste Stufe des Empathiekicks.

Vertiefen wir das: Hätten wir keine empathischen Fähigkeiten, könnten wir nicht mit unseren Freunden mitleiden und uns nicht mit ihnen freuen, könnten bei Filmen nicht mitfiebern, uns nicht mit Romanhelden identifizieren und hätten lediglich unsere eigene Perspektive auf das Leben. Identifikation ist genau die richtige Technik, um Empathie zu üben: Stellen Sie sich vor, Sie stünden in einem Angestelltenverhältnis und Ihr Chef spräche Ihnen mit ausschweifenden Entschuldigungen und Erklärungen die Kündigung aus. Es gibt unumstößliche Gründe für die Maßnahme Ihres Chefs. Sie stehen ihm gegenüber, er erklärt sich, sieht dabei öfter auf den Boden als in Ihre Augen. Versetzen Sie sich in seine Lage! Die Firma steht vor dem Konkurs, und er muss sich von einer Hälfte der Belegschaft trennen, die ihm jahrelang die Treue gehalten hat. Wie wird er sich fühlen? Mies.

Sollten Sie gerade eben nur für einen Moment die Situation des Chefs verstanden haben, haben Sie Ihre erste Empathie-Lektion gelernt. Sie haben einfach einmal die andere Seite gesehen und im besten Fall gefühlt, wie sich der Chef fühlen würde.

Nun ist allerdings das Empathievermögen bei jedem Menschen in einer anderen Intensität ausgeprägt. Manche heulen bei jeder «Lindenstraße»-Folge, andere brauchen schon «Titanic» oder eine Verdi-Oper, um gerührt zu werden, wieder andere sind eher von «Halloween» ergriffen.

Außerdem sind – und das ist wichtig fürs Flirten – die eigenen Erfahrungen entscheidend dafür, wie, ob und durch was Emotionen geschürt werden. Wenn jemand seinen ersten Kuss in einem VW-Käfer bekam, wird er zeitlebens anders auf «Herbie»-Filme reagieren als jemand, dessen erste Küsse sich in einem öffentlichen Bus abspielten (er sollte vorsichtig bei dem Film «Speed» sein).

Man spricht hier, wie in der Traumforschung, von «subjektiven Symbolen». Es ist wohl kaum nötig zu erklären, welchen unglaublichen Vorteil es bedeutet, wenn man die subjektiven Symbole seines Gegenübers kennt. Wie wir am Robbie-Williams-Beispiel sahen, reichen kleinste Informationen, um empathische Rückschlüsse ziehen zu können.

Subjektive Symbole sind allerdings eine viel intimere Angelegenheit. Sie sind Platzhalter für ganz individuelle Erfahrungen und Gedanken, die immer mit dem Symbol verknüpft sind. Wenn zum Beispiel jemand immer in Albträumen ein bestimmtes Auto vor sich sieht, weil er irgendwann von einem solchen angefahren wurde, ist das sein subjektives Symbol für Angst.

Solche Symbole werden wir nicht allzu schnell erfassen können, aber wir werden es tun, wenn wir aufmerksam bleiben und das «WER will WAS von WEM WARUM» im Hinterkopf behalten.

Naheliegender ist es, zunächst allgemeinere Bedürfnisse herauszufinden und darauf zu reagieren. Das klingt simpel, doch manchmal ist es gar nicht so leicht, das Flirtopfer einzuschätzen. Das Entscheidende dabei ist, auf die Kommunikation zu achten. Ohne Worte und mit Worten. Wir können Schlüsse ziehen aus Dialekten, Wortwahl, Kleidung oder auch aus der Intensität eines Blicks. Ein langer Augenkontakt mit einem Fremden spricht für ein offenes Wesen oder für die Suche nach emotionaler Nähe: Eine Dame, die glücklich liiert ist, wird einen Blick weniger lang erwidern als eine Dame, die einen Partner sucht.

Wenn wir unseren Flirtpartner also auf jeder Ebene seiner eigenen verbalen und nonverbalen Kommunikation mit der Umwelt wahrnehmen, können wir seine Einstellungen, Vorlieben, ja selbst seine Wertvorstellungen erraten: Eine esoterisch angehauchte Dame erkennt man an ihrer Kleidung, ihrem Halbedelstein-Schmuck und ihrem selbstbewusst verklärten Blick. Bei Problemen würde sie uns auf einen Sympathietee einladen und viel diskutieren. Ein knallharter Anwalt wird im Gegensatz dazu eher durch seine adrette Kleidung, seine akkurate Frisur und seine geschliffene Rhetorik auffallen.

Im weiteren Schritt müssen wir die Bedürfnisse des Flirtpartners ahnen. Der Anwalt fährt wohl auf gepflegte Frauen ab, die «vorzeigbar» sind, da er offensichtlich selbst Wert auf sein Äußeres legt; die Esoterikerin wird womöglich in erster Linie eine weltanschauliche Übereinstimmung suchen.

Zwei Menschen, die sich begegnen, taxieren sich blitzschnell. Auch hier ist wieder der natürliche Überlebenswille der Grundgedanke. Zuallererst wollen wir sichergehen, dass uns keine Gefahr vom anderen droht. Ist er krank? Möglicherweise ansteckend? Bewaffnet? Kann er uns unseren Partner wegnehmen? Oder ist er ein potenzieller Partner? Haben wir den gleichen Bildungshintergrund? Das alles spielt sich binnen weniger Sekunden ab – bevor wir einmal geblinzelt haben, sind wir bereits zu einem ersten Ergebnis gekommen. Sympathie- oder Antipathie-Grundsteine sind in einer Mikrosekunde gelegt: Flucht, Kampf, Desinteresse oder Flirten. (Dazu im nächsten Kapitel noch mehr.)

Wir wollen natürlich in jedem Fall erreichen, dass das Gegenüber uns mag. Bitte verinnerlichen Sie, dass wir es darauf anlegen, ehrlich gemocht zu werden. Der erste Eindruck und die Intuition (unsere und die des Zielobjekts) sind dafür besonders wichtig.

- Empathie ist durch einen sensiblen Blick auf andere lernbar.
- Empathie erleichtert den Einstieg in jede Beziehung.
- Durch Empathie erzeugen Sie Sympathie.

INTUITION

Die am meisten verbreitete Augenkrankheit ist die Liebe auf den ersten Blick.

Gino Cervi

Lassen Sie mich nun die Gedanken des vorangegangenen Kapitels etwas vertiefen, und folgen Sie mir in die Welt des Unterbewussten.

Ist Ihnen klar, dass, könnte man es messen, auf 4 Millimeter bewusstes Wahrnehmen 15 Kilometer (!) unterbewusstes kommen?

Das Unterbewusste ist in den letzten Jahren vor allem auch für die Gehirnforschung interessant geworden. Via Tomographie wurden Hirnareale geortet, die unsere Entscheidungen beeinflussen, ohne dass wir uns dessen bewusst wären: Selbst auf einen vor sich hin dösenden Menschen wirken pro Sekunde 11 Millionen Sinneseindrücke ein. Das mögen der Nachgeschmack eines Joghurts, das Wahrnehmen des Helligkeitsgrades im Raum oder das Hören des eigenen Herzschlags sein. Diese vielzähligen Eindrücke kann natürlich niemand alle verstandesgemäß verarbeiten. Trotzdem bilden sie für uns die

Grundlage für Entscheidungen, was zahlreiche Versuche eindrucksvoll belegen. So haben z. B. amerikanische Forscher Probanden einer Versuchsreihe aufgefordert, sich aus einer großen Anzahl von Postermotiven eines auszusuchen. Die eine Gruppe der Probanden musste sich sehr schnell entscheiden, der zweiten wurde viel Zeit eingeräumt. Einige Wochen darauf wurden die Teilnehmer des Versuchs befragt, wie sie mit ihrer Entscheidung lebten. Die Schnellentscheider hatten ihre ausgewählten Poster alle noch an der Wand hängen, während die Langüberleger ihre bereits wieder abgenommen hatten.

In diesem Zusammenhang kommt die Intuition ins Spiel. Intuition ist einer dieser Begriffe, die man gern etwas schwammig übersetzt, etwa mit Formulierungen wie «aus dem Bauch heraus». Das gerade geschilderte Experiment spricht eindeutig dafür, dass Spontanentscheidungen nicht nur der Intuition unterworfen sind, sondern dass sich diese selbst langfristig als sinnvoll erweisen. Zu verstehen, wie diese Entscheidungsmotive entstehen, ist deshalb auf jeden Fall ein Vorteil – auch und gerade beim Flirten.

Forscher, die sich mit Speed-Dating-Veranstaltungen beschäftigten, fanden u. a. Folgendes heraus: Räumte man den Dating-Partnern nur sechs Minuten für die Taxierung ihres Gegenübers ein, täuschten sie sich seltener darin, ob er zu ihnen passt, als wenn man ihnen eine längere Kennenlernzeit zugestanden hatte.

Das heißt einerseits: Je mehr Zeit man im ersten Gespräch hat, desto mehr kann man sich täuschen. Und andererseits: Je schneller man agiert, desto richtiger wird man eingeschätzt. Alles, was wir wahrnehmen, führt also zu unterbewussten Lernvorgängen und Vorentscheidungen. Vorurteile sind deshalb oft einfach Urteile, die auf gespeicherten, aber nicht nachgeprüften Erfahrungen basieren. Das heißt, sie unterliegen auch keinem moralischen Filter, sondern einem ganz primitiven System von: gut für uns oder schlecht für uns.

In diese unverarbeiteten Erfahrungen spielt natürlich unser kulturelles und soziales Umfeld hinein. Die Medien setzen Idole in unseren Köpfen fest, die unterbewusst auf uns wirken und unsere Wertung beeinflussen: Diejenigen Männer- und Frauentypen, die, zum Beispiel in Filmen, als erfolgreiche Liebhaber dargestellt werden, halten wir auch im echten Leben für erfolgreich.

Welcher Typ Mann oder Frau gerade einen hohen erotischen Marktwert hat, kann also auch davon abhängen, wie und welche Film- oder Werbestars gerade in den Medien präsentiert werden: Zur Hochzeit von Bruce Willis' Karriere waren zum Beispiel Männer mit Glatzen populärer als sonst.

Das heißt natürlich nicht, dass wir uns verbiegen und uns fraglos irgendwelchen Trends unterwerfen sollen. Aber wir müssen mit diesem Wissen arbeiten und Vorteile daraus ziehen. Gewisse Moden – alles, was die Medien uns als aktuell gefragt, als «in» verkaufen – ändern auch unterbewusst die Wahrnehmung unserer Flirtpartner. Und ehe wir jemanden so gut kennen, dass Äußerlichkeiten unwichtiger werden, können wir zumindest Ablehnungen besser aus dem Weg gehen, indem wir das intuitive Verhalten unseres Gegenübers vorausahnen und uns zunutze machen.

Einer Zielperson, die sich den Medien komplett verschließt, kann man natürlich ganz anders gegenübertreten als einem Menschen, der sich Medien- und Modediktaten unterwirft. Wieder ist es also unsere intuitive Einschätzung, die uns den Weg weisen wird. Aber auch Damen, die sich sonst nur hoher Kultur hingeben, sehen an der Bushaltestelle Werbeplakate und sind literarischen Klischees ausgeliefert. Der Professorentyp aus Nabokovs «Lolita» kann ebenso anziehend auf sie wirken wie der Plattenhändler aus Nick Hornbys «High Fidelity». Vielleicht findet eine Dame ihr intuitives Ideal auch in Kaiser Wilhelm dem Zweiten.

Jedenfalls gibt es eine Vielzahl Klischees, mit denen man arbeiten kann, um entsprechende Assoziationen zu wecken. Ich trage z. B. wegen meiner Glatze gerne Hüte und werde schon deshalb oft für einen Künstler gehalten, was Frauen mögen – noch mehr, wenn er erfolgreich ist, der Künstler. Will ich einer Friseuse mit möglicherweise anderen Idealen gefallen, sollte ich besser ein Basecap tragen.

Jede Frau hat natürlich ihren eigenen Intuitions-Filter, der in einem engen Zusammenhang mit ihren Interessen steht. Liest sie die Astrowoche, wird sie auf Sternzeichen reagieren. Ist sie Cellistin, wird sie einen wüsten Beethoven-Typ nicht ignorieren.

Lassen Sie mich ein Beispiel aus der Praxis bringen, das die Beispiele zum Empathiekick ein wenig vertieft: Wenn wir etwa einer Dame begegnen, die auf Brad Pitt abfährt, sagt ihre Intuition bei allen Kerlen, die Brad Pitt ähnlich sehen: «Gut für mich.»

Dummerweise sehen wir selbst überhaupt nicht aus wie Brad Pitt. Wie können Sie den Filter umgehen? Sie dürfen auf keinen Fall versuchen, sich auf Brad Pitt zu trimmen – das wirkt nur lächerlich. Vielmehr sollten Sie Gebrauch machen vom System der DREI-MOMENTE-ATTRAKTIVITÄT. Das geht so: Im ersten Moment, das haben Sie ja bereits gelernt, wird man taxiert. Das Unterbewusstsein trifft die Entscheidung *Gut für mich oder schlecht für mich*, die in Partnerschaftsfragen zunächst sexuell gemünzt ist und also heißt: *Den oder die möchte ich anfassen oder nicht anfassen.*

Wenn die Entscheidung gegen uns fällt – kein Brad Pitt, also nicht anfassen –, heißt das noch lange nicht, dass wir auch außerhalb der sexuellen Ebene als uninteressant wahrgenommen werden. Wir können also in jedem Fall ein Gespräch starten und uns freundlich, unterhaltsam und mitfühlend zeigen.

Haben wir später wieder Kontakt – der zweite Moment –, erinnert der Flirtpartner das erste sympathische Zusammentreffen, aber der sexuelle Einschätzungsblick (will ich anfassen – will ich nicht anfassen) ist ausgeblendet, da ja bereits eine Entscheidung darüber gefällt worden ist. Jetzt müssen wir nur weiter unterhaltsam bleiben, und die optische Wahrnehmung wird immer mehr an Gewicht verlieren. Jeder von uns hat attraktive Attribute, sei es eine reizvolle Stimme, fesselnde Augen, sinnliche Lippen, ein unwiderstehliches Lachen etc. Der *Brad-Pitt-Filter* wird langsam deaktiviert. Dann verabschieden wir uns.

Irgendwann kommt der große dritte Moment – das kann drei Wochen später sein oder am selben Abend: Wir treffen das dritte Mal auf den Brad-Pitt-Fan. Wenn wir uns bei den beiden anderen Malen auf einer anderen als der optischen Ebene attraktiv gezeigt haben – also unterhaltsam, freundlich und originell waren –, ist der Intuitionsfilter jetzt komplett deaktiviert, und die Dame wird anfangen, Sachen zu denken wie: *So schlecht sieht er eigentlich gar nicht aus.* Sie wird eine Glatze und ein Bäuchlein übersehen, wenn wir sie nur zum Lachen gebracht oder sonst wie gepunktet haben.

Ein anderes Beispiel: Am Anfang meiner Flirt-Seminare bitte ich die Teilnehmer immer, sich gegenseitig mit Sympathiepunkten von 1 bis 10 zu bewerten (1 = wenig Sympathie, 10 = sehr viel Sympathie). Natürlich diskret und ohne die Wertungen offenzulegen. Dann sollen die Damen und Herren die Punkte addieren und die Zahl aufschreiben. Zum Ende des Seminars – also etwa acht Stunden später – stelle ich die gleiche Aufgabe. Immer ist die addierte Gesamtpunktzahl am Ende erheblich höher.

Wir haben mit den 4 Millimeter gelenkten Bewusstseins 15 Kilometer Unterbewusstes ausgetrickst! Wir sind großartig!

Um jetzt die Euphorie ein ganz klein bisschen zu dämpfen: Das, was Erich Fromm in «Die Kunst des Liebens» als sexuellen Marktwert bezeichnet, darf nicht komplett inkompatibel sein. Um eine 22-Jährige rumzukriegen, müsste ein 97-Jähriger mit einem Buckel schon sehr gute Witze machen …

Wie schnell Eindrücke Teil des Gedächtnisses werden und wie schnell man damit gewinnen kann, zeigt ein Experiment, das John Bargh durchführte. Er bat am Flughafen wartende Passagiere, an einem psychologischen Test teilzunehmen. Einer Gruppe stellte er Fragen zu ihrem besten Jugendfreund, der anderen zu ihrem unbeliebtesten Kollegen. Nach der Befragung bat man die Teilnehmer beider Gruppen, an einem weiteren Test teilzunehmen. Zusagen kamen verblüffenderweise ausschließlich von jener Gruppe, die über ihren besten Freund befragt wurde, die anderen lehnten ab. Die Ablehner hatten intuitiv gelernt, dass ein psychologischer Test unangenehme Gedanken schafft, die sie nicht haben wollten und nun also durch die Ablehnung vermieden.

Die andere Gruppe lernte indes unbewusst das Gegenteil: Ein Psychotest bedeutet angenehme Gedanken, von denen sie mehr wollte. Unser unbezahlbarer Erkenntnisgewinn aus diesem Experiment: Wenn wir es schaffen, positive Momente mit unserem Flirtopfer zu erleben, und seien sie auch noch so kurz, werden wir in dessen Gehirn als «angenehm» gespeichert. Wir werden also lieber nach Lieblingsfilmen und nicht nach den schlechtesten der letzten Jahre fragen. Über Geschwister des Flirtpartners reden wir zunächst nur, wenn es offensichtlich überwiegend angenehme Erinnerungen an sie gibt, usw.

In einer späteren Entwicklungsphase unserer Beziehung zu einem Menschen können und dürfen wir natürlich nicht immer

Rücksicht auf intuitives Verhalten und Filtern legen. Der Verstand und das Bewusstsein werden bedeutender, je länger man sich kennt. Die Partner werden sich gegenseitig überwiegend aufgrund bewusst erlebter Momente werten. Warum wohl wird auf 10-Jahres-Klassentreffen so viel sexuelle Energie freigesetzt? Weil man trotz der (neuen) Fremdheit einander vertraut ist: Man gesteht sich, wer zu Schulzeiten in wen verknallt war. Ein solches Gefühl dann zu reanimieren, ist simpel – und kann so wunderbar sein.

Töchter elterlicher Freunde, die man seit fünfzehn Jahren nicht sah – das Einfachste von der Welt, denn das Vertrauen entschärft den kritischen Blick. Dann hat man halt etwas schütteres Haar, aber man hat eine gemeinsame Vergangenheit. Jetzt ein persönliches Verhältnis zu schaffen und sexuelle Gedanken zu kreieren, ist oft nur noch eine Frage des Lächelns.

Haben Sie trainiert?

- Seien Sie sich bewusst, dass Medien unsere Wahrnehmung beeinflussen.
- Intuition ist ein Filter, den Sie austricksen können.
- Anfangs können Sie Ablehnung leicht vermeiden, indem Sie die Neigungen und Wertmaßstäbe des Gegenübers erkennen.
- Lenken Sie die Gedanken im Gespräch auf Angenehmes.
- Die Zeit arbeitet für Sie und schärft den Blick für Positives.

KONKRETES

AUFFALLEN

*Das Einzige, worin sich Männer unterscheiden,
ist die Farbe ihrer Krawatten.*

*Aus: «Top Hat», Musicalfilm mit
Fred Astaire und Ginger Rogers*

Nun wissen Sie, dass Empathie und Intuition Grundvoraussetzungen für das Flirten sind – zwei Eigenschaften, die das Besondere an Ihnen noch einmal verstärken. Man wird immer wegen seiner Besonderheit geliebt. Da jeder etwas Besonderes an sich hat, ist es nur natürlich, sich in gewissen Bereichen von anderen abzugrenzen. Jeder hat seinen Kleidungsstil, seine spezielle Wortwahl, seine Vorlieben, auf die er stolz ist.

Haben Sie sich schon mal gefragt, warum viele Hörer tragbarer Hi-Fi-Einrichtungen (Discman, MP3-Player etc.) die Dinger so laut drehen? Weil sie wollen, dass man hört, was für einen tollen Musikgeschmack sie haben. Die meisten haben ihn allerdings nicht, und so ist dieses Verhalten nur peinlich. Auffallen wollen um jeden Preis polarisiert schnell und geht oft nach hinten los.

Dennoch: Wir müssen unser Flirtopfer erst zum Hingucken

oder Hinhören veranlassen – ohne aufzufallen können wir nicht flirten. Dabei darf und sollte man natürlich seinen Stil zeigen, sonst nimmt einen ja niemand wahr, aber eben nicht mit der Brechstange. Ein Beispiel: Wenn ich vom Auto aus flirten will und eine Frau nach dem Weg frage, ist die Musik, die ich höre, nie zufällig gewählt. Läuft dezent Mozart, falle ich auf, da nur ein geringer Prozentsatz junger Männer im Auto klassische Musik hört. Je größer der Kontrast des Umfelds zur Art der Musik, desto intensiver die Wirkung. Aus einem tiefergelegten Prollschlitten heraus Mozart zu hören, wird immer erstaunen und im besten Falle neugierig machen. Abgesehen davon bietet eine solche Situation zusätzlichen Gesprächsanlass: Man kann zum Beispiel erklären, der eigene Wagen sei kaputt und die Werkstatt habe nur diesen Ersatzwagen gehabt etc.

So oder so: Am wichtigsten ist es, sich nicht zu verbiegen: Sind wir eher der laute, bunte Typ, dürfen auch unsere Flirtanfänge so sein. Sind wir eher schüchtern, setzen wir zurückhaltendere Zeichen des Auffallens. Zuweilen reicht es schon, in einer Runde, in der alle lachen, einmal nicht zu lachen oder umgekehrt in einer verkrampft ernsten Gesellschaft verschmitzt zu grinsen.

Wie die aufgedrehten MP3-Player zeigen: Auffallen kann man immer, die Kunst ist es, ANGENEHM oder NEUGIER-ERWECKEND aufzufallen. Wenn man im Restaurant ein Glas an die Wand wirft, fällt man auf, aber doch eher in abstoßender Weise. Balanciert man dasselbe Glas auf einer Fingerspitze, schindet man Eindruck.

Am einfachsten ist es, sich durch seine Kleidung von anderen abzugrenzen. Doch auch hier gilt oft: Weniger ist mehr. Nicht weniger Kleidung, sondern weniger auffällige Kleidung natürlich. Je auffälliger und schriller das Outfit, desto lächerlicher wirkt es. Es ist nicht unbedingt falsch, durch ein grelles, gar geschmackloses Auftreten irritieren zu wollen – vor allem, wenn wir eigentlich sensible und kluge Menschen sind und planen, unser Flirtopfer durch die Diskrepanz zwischen Erscheinungsbild und Wesen zu überraschen. Mir ist zum Beispiel aufgefallen, dass die im härtesten Heavy-Metal-Outfit herumstolzierenden Kerle oft ganz verletzliche, harmlose, fast ängstliche Typen sind. Meist jedoch schreckt ein zu auffälliges Outfit ab, und man bekommt gar nicht erst die Gelegenheit, dem anderen seine sanfte oder charmante Art zu zeigen.

Die Grundfrage bei der Kleidungsauswahl beim Flirten ist immer: Passt man sich dem Flirtopfer an – oder gerade nicht? Wenn man im Anzug vor einer Studentin steht, vermittelt man ihr einerseits vielleicht, dass man einen anderen Lebensstil pflegt als sie, andererseits aber auch Erfahrung und Erfolg, etwas, das die Dame ebenfalls anstreben könnte. Im legeren Jeans-Outfit vor einer Businessfrau aufzutreten, suggeriert ihr möglicherweise, einem unangepassten, gradlinigen Kerl gegenüberzustehen – aber auch hier bleibt die Frage, ob sie das beeindruckend oder eher unangenehm findet. Deshalb müssen wir ein Gespür für die Reaktionen des Gegenübers entwickeln. Das tun wir durch genaues Beobachten. Es gibt immer Hinweise dafür, dass ein Mensch an einem anderen ein gewisses Interesse hat. Allein, dass der andere nicht wegrennt, nachdem man ihn angesprochen hat, ist ein Anzeichen für ein solches Interesse. Andere Signale sind etwa kleine verbale Provokationen, die uns herausfordern, etwas unter Beweis zu stellen («Das kannst du doch gar nicht!»). Merken wir, dass wir imponieren, gehen wir ganz anders vor, als wenn wir provozieren oder gar abstoßen.

Doch selbst wenn wir merken, dass unser erster Annäherungsversuch auf wenig Gegenliebe oder gar auf Abwehr stößt, können wir die Situation noch retten und gewinnen. Nun müssen wir durch unsere Worte überzeugen. Bei einer negativen Reaktion haben wir den Vorteil, dass wir gegen Erwartungen handeln können: Unser Flirtopfer hält uns für einen ungehobelten Idioten, und wir beweisen, dass wir sensibel sind, indem wir auf es eingehen und es mit dem, was wir sagen, überraschen: Denn die Dame hat keinesfalls damit gerechnet, dass wir aus unserer dreckigen Jeansjacke heraus Sätze sagen wie: «Das Beige Ihrer Bluse korreliert so gar nicht mit der Farbigkeit Ihres Lächelns» (das tun wir natürlich nur bei einer Dame, die sehr kultiviert wirkt). Spätestens jetzt wird sie neugierig: Kamen diese Worte wirklich gerade aus dem Mund dieses Schmuddeltypen? Wenn man den Schmuddellook jetzt vielleicht noch erklärt («Entschuldigen Sie mein Outfit, ich schraube gerade an meinem Motorrad herum»), hat man das Bild von sich entworfen, das die Dame wahrnehmen soll. Mehr dazu im Kapitel «Humorfaktor II: Erste Worte».

Verbale Irritationen sind ein wunderbares Instrument, um aufzufallen, vor allem, wenn sie mit Humor ablaufen: Hätten wir als Anzugträger denselben Satz gesagt, wäre die Dame wahrscheinlich weit weniger beeindruckt gewesen, weil sie damit gerechnet hätte, dass sie einen eher gebildeteren Mann vor sich hat. Der Flirtprofi – und das wird jeder von Ihnen bald sein – würde aus der Anzugssituation heraus also eine kleine Frechheit von sich geben, die z.B. in einer eigentlich unsäglichen Anrede liegen könnte: «Maus, Komikerin …», um dann den Beige-Lächeln-Satz zu bringen, und könnte auch so gewinnen.

Wie sehr man allerdings irritiert, hängt immer von der Situation und der momentanen seelischen Verfassung des Gegenübers ab. Dies richtig einzuschätzen, ist unsere Hauptaufgabe. Dazu müssen wir auf alle Signale achten, die ausgesandt werden, vor allem hinsichtlich der Gemütsverfassung unseres

Flirtopfers. Schauen Sie etwas genauer hin, dann können Sie auch Nuancen erkennen. Achten Sie zum Beispiel auf das Lächeln: Wirkt es falsch und gespielt, wissen wir sofort, wo wir ansetzen können: bei der echten Befindlichkeit der Dame. Stellen wir die Echtheit ihres Lachens einfach offensiv, aber höflich in Frage, etwa so: «Ihr Lachen wirkt irgendwie bedrückt», beweisen wir gleichzeitig drei wichtige Tatsachen:
a) dass wir uns von der Dame nicht täuschen lassen,
b) dass wir uns die Mühe machen, genauer hinzuschauen, und
c) dass wir an ihrem Befinden (und nicht nur an ihrem Dekolleté) Interesse haben.

Wir können aber noch weiter gehen: Nicht nur die Laune des Gegenübers lässt sich schnell einschätzen, wenn man sich antrainiert hat, andere genau zu beobachten, sondern sogar Charakterzüge des Flirtopfers. Der Tonfall, die Art zu gehen, seine Körperhaltung – all das gibt uns wertvolle Informationen. Ob jemand schüchtern ist, merkt man z. B. schon an der Lautstärke, in der er spricht: Spricht er unangebracht laut, will er oft nur Schüchternheit kaschieren, spricht er zu leise, hat er womöglich aufgegeben, gegen seine Schüchternheit anzukämpfen, und sie akzeptiert. Es ist so einfach, Menschen zu begreifen, wenn man sich nur die Mühe macht, seine Umwelt etwas sensibler wahrzunehmen.

Neulich bei einer Black-Jack-Runde in meinem Stammcafé begrüßte ich z. B. die süße Kellnerin, als sie an den Tisch trat, mit den gespielt genervten Worten: «Was wollen Sie denn schon wieder hier?» Sie erstarrte für einige Sekunden, und als ich mit einem Lächeln meine Frechheit als Scherz erkennen ließ, lachte sie unwiderstehlich – zwei Minuten später hatte ich ihre Telefonnummer. Das funktionierte, weil ich wahrnahm, dass die Dame recht selbstsicher und souverän auftrat, und ich wusste, ich würde sie durch meine grob-unhöfliche Frage nicht wirklich verletzen.

Folgen Sie mir bitte kurz in die Welt des Films, denn wir können viel von Filmen lernen. Denken Sie bitte einmal an irgendeinen Hitchcock-Film. Nehmen wir *Die Vögel* mit Tippi Hedren. Er wird nicht der erste sein, der Ihnen einfällt, aber versuchen Sie doch einfach einmal, sich darauf einzulassen.

Die erste Großaufnahme des Films ist das Gesicht von Miss Hedren – erst in der zweiten Hälfte des Films. In der zweiten Hälfte! Die erste Großaufnahme! Das ist filmische Kunst. Während bei heutigen Filmen meist schon in der Titelsequenz mit Groß- und Detailaufnahmen geklotzt wird, war sich Hitchcock bewusst, dass «Nähe» erst in einem extrem dramatischen Moment eingesetzt werden durfte, um ebendiesen Moment in seiner Wirkung zu steigern. Das war einer der Aspekte von Hitchcocks Genie: die knallharte optische Ökonomie zur Steigerung der Tiefenwirkung, d.h. durch die sparsame Verwendung eines bestimmten Stilmittels seine Wirkung noch zu intensivieren.

Daraus können wir für das Flirten lernen. Nehmen wir zum Beispiel unser Lachen. Ein schnell eingesetztes Lachen kann in gewissen Situationen der falsche Weg sein; etwa dann, wenn alle lachen. Wir müssen auffallen, indem wir uns von der Masse absetzen, und auch einmal einen Weg gehen, der nicht der übliche ist. Das gilt für alle Situationen. Stellen Sie sich zum Beispiel vor, Sie möchten eine attraktive Dame im Supermarkt ansprechen und gehen auf sie mit der Hilflosigkeitsnummer zu. «Entschuldigen Sie, in Kartoffelfragen bin ich etwas ratlos: Welche Sorte eignet sich für Salat?»

Stellen Sie sich diesen Satz in zwei Varianten vor: 1. höflich, lächelnd, vielleicht sogar augenzwinkernd – schließlich soll ja klar werden, dass Sie auf einen Flirt aus sind; 2. höflich, aber komplett ernst. Welche Variante ist wohl wirkungsvoller? Eindeutig die zweite, obwohl die erste zunächst die naheliegendere zu sein scheint. Warum ist das so? Die Frage wirkt seriös. Sie scheinen die Dame wirklich wegen ihrer Kochkompetenz angesprochen zu haben und nicht wegen ihrer schönen Augen. Sie wird Ihnen viel eher antworten, als wenn Sie sie angelacht hätten. Beim Anlachen hätte sie schnippisch werden können: «Wollen Sie mich verkohlen?» Durch unsere ernste Miene verbieten wir ihr aber eine solche Reaktion, da wir ja lediglich an ihre Hilfsbereitschaft appellieren. Das heißt nicht nur, dass sie sich sicher vor einer Anmache wähnt, sondern auch noch, dass sie wirklich helfen will. Wir erreichen einen vierfachen Triumph: Sie nimmt uns ernst, sie fühlt sich sicher, sie will helfen, wir erscheinen als etwas Besonderes.

Nach einem kurzen Kartoffelgespräch bedanken wir uns ernst und aufrichtig – und jetzt kommt der Hitchcocktrick mit der Tiefenwirkung! Erst zur Verabschiedung schenken wir der arglosen Dame ein Lächeln und wenden sofort den Blick ab, um zu gehen.

Wenn wir einen guten Eindruck hinterlassen haben, muss die Dame, sofern sie nicht glücklich liiert ist, neugierig geworden sein. «Wollte der wirklich nichts von mir außer der Kartoffel-Sache? Wieso geht der denn jetzt einfach weg?» Wir haben sie erfolgreich irritiert und ihr Selbstwertgefühl angekratzt. Es gibt keine bessere Ausgangsbasis für einen Sieg. Und woran liegt das? Nur daran, dass wir mit unserem Lachen gehaushaltet haben – und an unserem gewinnenden Gesamtauftreten.

Natürlich behalten wir die Dame unauffällig im Auge und werden ihr erneut begegnen, spätestens an der Kasse. Wenn sie uns dann anlächelt, ist der Rest Routine (eine Routine, die Sie nach der Lektüre dieses Buches und etwas Übung beherrschen werden). Sollte sie nicht zuerst strahlen, wenn sie uns sieht, müssen wir ein dezentes Lächeln als Vorschuss leisten. Aber nicht zu verbindlich!

Ein gutaussehender Freund von mir arbeitete instinktiv mit genau dieser Masche. Seine rhetorischen Fähigkeiten waren nicht gerade seine Stärke, worüber er sich im Klaren war. Also redete er nicht sonderlich viel und wirkte so, auch wegen seines seltenen, aber bewusst eingesetzten Lachens, doch immer tiefsinnig und verständig. Denn wenn er nicht lachte, bot er treffliche Projektionsflächen. Frauen hielten ihn für geheimnisvoll, fürsorglich, sogar für humorvoll! Denn wenn er ein Lachen verschenkte, war es in der Tat ein Geschenk.

- Das Wichtigste beim Flirtbeginn: aufzufallen, indem man überrascht oder gar irritiert. Das kann durch die Musik sein, die man hört, durch Kleidung oder das, was man sagt.
- Der Grad des Auffallens muss zur Persönlichkeit passen. Auffallen ja, aber angenehm und nicht um jeden Preis.
- Haushalten Sie mit Ihren Stärken, um damit später umso mehr punkten zu können!

NERVOSITÄT

*Liebe ist eine Waffe,
mit der man spielt, ohne zu bedenken,
dass sie geladen ist.*

Otto Edward Hasse

Nachdem wir uns so viel mit der Theorie beschäftigt haben, können wir eigentlich langsam zur Sache kommen. Doch manchmal fehlt uns der Mut, einfach draufloszuflirten: Unsere Nervosität ist zu groß, das Herzklopfen zu schnell – vor allem dann, wenn man das Zielobjekt schon länger begehrt. Dann gibt es eigentlich nur zwei Möglichkeiten: sich der Nervosität zu ergeben oder sie etwas einzudämmen. Nervosität birgt, auch wenn das zunächst nicht so erscheint, durchaus auch Vorteile, weswegen Eindämmung nicht immer das einzig Wahre sein muss.

Doch von vorne: Nervosität ist zunächst einmal nichts weiter als eine Körperreaktion auf einen Seelenzustand. Wie bei allen Problemen ist es von Vorteil, der Sache auf den Grund zu gehen: Oft lässt sich unser Seelenzustand schon dadurch verbessern, dass wir ihn überhaupt wahrnehmen. Überlegen Sie doch in solchen Momenten einmal kurz, woher Ihre Nervosität kommen mag. Meist ist Unsicherheit im Spiel: Wie wird unser Flirtopfer reagieren? Wird es abweisend sein, uns stehenlassen, sich gar über uns lustig machen? Wenn wir uns mögliche erfolglose Ausgänge unserer Bemühungen im Vorfeld ausmalen, ersparen wir uns später eine allzu große Enttäuschung. Wir müssen die Techniken des Ansprechens völlig ent-emotionalisieren. Wenn es uns gelingt, die Gefühle aus der Situation zu verbannen, gewinnen wir rasch eine sichere Routine und machen uns relativ unverletzlich. Sehen wir die Ansprechsituation wie ein Spiel am Computer. Wir arbeiten einfach ein paar Mechanismen ab, fahren ein Muster, das wir gelernt haben. Ob das erfolgreich ist, liegt dann nicht mehr an uns, denn wir machen nach einiger Zeit alles richtig. Lässt sich jemand nicht im gewünschten Maß und mit der gewünschten Begeisterung auf uns ein, liegt der Fehler meist auf der Gegenseite, die nicht schnell genug versteht, was ihr entgeht: *wir* – in all unserer Großartigkeit. Mit einer zunehmenden Zahl von Versuchen wird sich automatisch die Zahl der Erfolge steigern. Glauben Sie mir, Sie können sich ganz entspannt der Sache widmen.

Generell ist es immer vernünftig, mit einer gesunden Ruhe an eine Flirtsituation heranzugehen. Denn, wie gesagt, was soll denn schon passieren? Im schlimmsten Fall kommen wir nicht weiter als bis zu einer lächelnden Abfuhr. Noch einmal: Eine Abfuhr bedeutet nur, dass unser Gegenüber sein Glück gerade verspielt hat, denn es lässt sich nicht auf uns ein und verpasst damit den Kontakt zu einem wunderbaren Menschen. Man kann seinen Abgang nach einer Ablehnung ganz leicht souverän halten: Gehen Sie lächelnd, ohne sich umzudrehen und ohne Bedauern.

Das wird natürlich umso schwieriger, je mehr wir in die Zielperson hineinprojizieren. Wenn wir sie uns als Traumpartner ausmalen, fürchten wir natürlich, tief zu fallen, wenn wir uns eine Abfuhr einhandeln. Aber auch hier gilt: So verheißungsvoll die Dame oder der Herr auch sein mögen, wenn sie/er uns dauerhaft ablehnt, fehlt ihr/ihm schlichtweg die Sensibilität zu erkennen, was für eine Bereicherung wir für sie oder ihn wären. Wer uns nicht zu schätzen weiß, hat uns nicht verdient. Das mag arrogant klingen, aber nur mit dieser Einstellung leiden wir nicht unter eventuellen Fehlschlägen.

Kommen wir zu den Fällen, in denen eine gewisse Nervosität auch positive Auswirkungen haben kann: wenn bei der Zielperson eher der schüchterne Typ gefragt ist. Nervosität hat auf jeden Fall zwei vorteilhafte Nebenaspekte:
a) Sie wirkt ehrlich, denn sie ist eine unwillkürliche Körperreaktion.
b) Sie kann bereits ein Kompliment sein, denn sie signalisiert dem Gegenüber, dass es einem nicht gleichgültig ist.

Selbst Übernervosität kann zum Beispiel niedlich wirken, wenn man sie mit anderen Dingen bündelt. Nervös und höflich, nervös und selbstironisch, nervös und zielstrebig sind Paarungen, die einander keinesfalls ausschließen. Das Auftreten von Nervosität kann man ja auch dahin gehend thematisieren, dass man es als Kompliment verpackt. Wir wissen, dass Komplimente immer eine Wahrheit beinhalten müssen, um aphrodisisch zu wirken. Es muss uns also nur gelingen, unsere Nervosität an einer Wahrheit des Flirtpartners aufzuhängen. Thematisieren wir im Kompliment die Ursache für unsere Nervosität: «Weißt du, dass deine Aufgeschlossenheit gewisse großartige Männer etwas verunsichern könnte? Mich auch.» Oder etwas alberner: «Weißt du, dass deine Haarfarbe ohnmächtig machen könnte? Zumindest aber ein bisschen nervös ...»

Vergessen Sie nie, dass die Zeit auf unserer Seite ist, wir also genügend Raum haben, uns unsere Formulierung in Ruhe zu überlegen. Und vergessen Sie genauso wenig, dass wir durch ständiges Trainieren eine Routine gewinnen werden, die uns Sätze wie die obigen souverän aussprechen lassen wird. Noch nicht mutig genug? Lesen Sie das nächste Kapitel.

- Nervosität kann man durchaus kontrollieren und sinnvoll in eine Flirtstrategie einbinden.
- Gut zu wissen: Keinesfalls ist es immer der souveräne Typ, der ankommt.

MUT

*Wenn man genug Mut hat,
braucht man keinen guten Ruf.*

Clark Gable

Wie fassen Sie also Mut? Lassen Sie mich – wie immer – ein bisschen ausholen. Menschen lernen über zwei Wege: Imitation und Identifikation. Das werden wir uns zunutze machen. Schauen wir zunächst, was die Wissenschaft in dieser Hinsicht herausgefunden hat: Man lud eine Reihe von Probanden zu einem Kinoabend ein und ließ sie mit dem Auto anreisen. Einem Teil der Gruppe spielte man einen James-Bond-Film vor, dem anderen den sehr langsamen Liebesfilm «Die Brücken am Fluss» mit Clint Eastwood. Im Anschluss untersuchte man das Fahrverhalten beider Gruppen auf dem Nachhauseweg. 85 % der Bond-Zuschauer überschritten bei der Heimfahrt die Tempolimits – von den Liebesfilm-Sehern taten das nur 8 %. Daraus lassen sich köstliche Schlüsse für uns ziehen:
a) Stimmungen lassen sich durch Identifikation beeinflussen.
b) Stimmungen färben ab.

c) Wir können unsere Stimmungen zielgenau steuern.
d) James Bond persönlich wird uns dabei helfen.

Sie können sich natürlich ganz nach Ihrem Geschmack mit Ihren Vorbildern in den richtigen «mood» (engl. für «Stimmung») versetzen. Interessant, dass «Mut» und «mood» sehr ähnlich klingen, oder?

Wenn sich Damen also im Vorfeld eines Flirts in eine passende Stimmung bringen und zum Beispiel in eine Audrey-Hepburn- oder Jennifer-Lopez-Unwiderstehlichkeit verfallen wollen, sollten sie zur Vorbereitung die entsprechende DVD einlegen. So können sie sich schnell in eine bestimmte Emotionslage katapultieren.

Steht eine Party an, und Sie gehen eigentlich nur wegen des Essens hin, ändern Sie Ihre Unlust, indem Sie sich mit der passenden Film-Figur in Stimmung bringen. Es gibt keine Ausreden: Bis Sie einen Ihnen entsprechenden Partner gefunden haben, gehen Sie auf keinen Fall nur wegen des Essens zu Partys oder überhaupt irgendwohin. Selbst in Restaurants kann der oder die Richtige warten.

Natürlich muss es nicht unbedingt eine Schauspielerin sein, die wir dazu benutzen, unsere Stimmung aufzuhellen: Sie können auch Stimulierendes lesen oder hören. Wenn ich ins Studio gehe, um meine Anrufe als «Flirter» aufzunehmen, und nach durcharbeiteter Nacht noch müde bin, höre ich auf dem Weg dahin oft coolen Swing-Jazz. Prompt halte ich mich dann für unwiderstehlich – ups, nein! – dann bin ich unwiderstehlich. Und das können Sie auch sein, wenn Sie für sich nur die richtigen Mittel gefunden haben, um sich in Stimmung zu bringen. Lassen Sie zum Beispiel ein Foto von sich machen, auf dem Sie richtig gut aussehen. In uns allen steckt Sexappeal. Wenn wir dies auf einem Foto einfangen, haben wir immer wieder Gelegenheit, uns das aufs Neue bewusstzumachen. Ich kenne Leute, die ein solches Das-steckt-in-mir-Foto in ihrem Handy gespeichert haben und es sich bei Bedarf kurz ansehen. Irgendwann braucht man dann nicht einmal mehr James Bond.

Das war die erste Stufe. Folgen Sie mir bitte auf die zweite! Wichtig für den Mut ist auch, die Schwelle des erforderlichen Mutes zu senken, sich also ein Verhalten anzutrainieren, das generell von einem gewissen Grundmut getragen ist. Grundmut – welch schönes Wort. Grundmut erreicht man durch Routine. Indem wir üben, auf Menschen zuzugehen und *kleine Kontakte* herzustellen. Die erste Stufe einer solchen Übung wäre, Leute in der U-Bahn oder im Bus nach der Uhrzeit zu fragen, sich im Restaurant von jemandem einen Stift zu leihen oder in der Kneipe um die aktuellen Fußballergebnisse zu bitten. Wir denken einfach nicht mehr erst stundenlang darüber nach, ob man den oder die nun ansprechen soll. Diese Überlegung darf es gar nicht mehr geben. Wenn wir jemand Interessantes sehen, müssen wir automatisch auf ihn zugehen und aktiv werden. Flirten wird ein phantastischer Automatismus.

- Emotionen färben ab.
- Mut ist abrufbar, wann immer Sie ihn brauchen.
- Vergessen Sie nicht, das «Das-steckt-in-mir-Foto» machen zu lassen!
- Trainieren Sie bitte die «kleinen Kontakte»!
- Flirten wird durch konsequentes Üben zum Automatismus.

DIE FLUCHT IN DIE ROLLE

*Seine eigene Natur vollständig zu verwirklichen –
das ist es, wozu jeder von uns da ist.*

Oscar Wilde

Um den ersten Schritt zu gehen und die Nervosität im Zaum zu halten, gibt es noch eine weitere bewährte und amüsante Strategie: beim Flirten einfach einmal in eine andere Rolle zu schlüpfen. Vielleicht sind Sie zu Beginn Ihres neuen Flirtlebens noch sehr nervös oder haben schlichtweg keine Lust, sich gleich in die Karten gucken zu lassen und jedem Flirtpartner Ihr gesamtes Seelenleben offenzulegen. In diesem Fall ist eine Rolle perfekt: Denken Sie sich eine aus, die Ihnen Spaß macht und damit Sicherheit verleiht.

Ich selbst entdeckte diesen Trick für mich während meiner Studentenzeit: Seinerzeit musste ich fast jedes Wochenende die 300-Kilometer-Strecke zwischen Berlin und Hannover zurücklegen. Zu meiner Unterhaltung, und um die Fahrtkosten gering zu halten, nahm ich gerne Leute mit, die man mir über die Mitfahrzentrale vermittelte. Ich war zwar glücklich liiert, konnte mir den Flirtsport aber nicht verkneifen.

Jede Fahrt war ein Experiment, denn ich legte mir jeweils eine Rolle zu, die Interesse bei den Begleitungen wecken sollte. Ich spielte für drei Stunden den jungen Arzt, den Medizinstudenten, den Drehbuchautor, den Pianisten – Rollen also, die so gar nichts mit der Realität zu tun hatten, denn damals studierte ich noch Jura.

Der Vorteil dieser Spielchen war, dass ich ich selbst bleiben konnte, aber den Schutzschild einer fremden Persönlichkeit besaß, der mir den Mut verlieh, direkter auf Fremde zuzugehen, als ich dies sonst gewagt hätte.

Dabei kam es überhaupt nicht darauf an, welche Rolle ich gerade spielte, sondern nur darauf, *dass* ich sie spielte. Hinter dieser Rolle konnte ich mich immer verstecken, wenn ich mit meiner Meinung aneckte. Gleichzeitig half sie mir, meine Schüchternheit zu überwinden. Sprang der Funke nicht über, und ich bekam eine Abfuhr, schob ich es auf die Rolle: Nicht ich hatte den Korb bekommen, sondern der Arzt, der Autor oder der Musiker, den ich gerade spielte. Irgendwann brauchte ich die Rollen dann nicht mehr, weil ich so viele rhetorische und psychologische Vorgehensweisen lernte, dass ich auch als Phillip auftreten und gewinnen konnte. (Keine Angst, ich teile alle nach und nach mit Ihnen.)

Doch auch noch heute hilft mir diese Strategie bei der «Kaltakquise», also dem Ansprechen von mir völlig unbekannten Flirtopfern: Ich wähle den Schutzpanzer einer Mini-Rolle oder zumindest eines Vorwands. Nach der Uhrzeit zu fragen ist bereits ein Vorwand, wenn auch kein sehr einfallsreicher. Es ist immer besser, sich etwas auszudenken, das ein wenig mehr zum Träumen verleitet, als das die Frage nach der Uhrzeit vermag. Wenn ich zum Beispiel eine elegant gekleidete Frau nach dem Weg zur Oper frage oder eine 19-Jährige bitte, mir zu sagen, wo das beste Schuhgeschäft ist, lenke ich bereits ihre Vorstellungen in Richtung Vergnügen und Genuss.

Natürlich darf die Geschichte auch nicht zu phantastisch sein. Bleiben wir immer in Bodennähe, aber phantasievoll. Wir haben ja bereits im Kapitel «Intuition» gelernt: Je angenehmer die Assoziationen sind, die wir im Kopf des Gegenübers wecken, desto sympathischer erscheinen wir, denn: Der Überbringer einer guten Nachricht hat immer einen besseren Stand als der einer schlechten. Sie würden auch freudiger reagieren, wenn es an der Tür klingelte und ein Mann Ihnen verkündigte: «Sie haben 2,3 Millionen im Lotto gewonnen», als wenn er sagte: «Ich komme wegen der Pfändung.»

Wirkungsvoll ist es auch, das Flirtopfer in ein kleines Spiel einzubeziehen. Zuletzt feierte ich Erfolge mit dem folgenden Trick: Das Mobiltelefon am Ohr, sprach ich Frauen an und bat sie, mir beim Gewinnen einer Wette behilflich zu sein. Ich behauptete, meinen Bruder («Bruder» ist besser als «Freund», weil es eine engere Beziehung spiegelt) am Telefon zu haben, der mit mir gewettet habe, er könne anhand der Stimme einer Frau sofort deren Haarfarbe erraten. Natürlich muss dazu wirklich jemand am Telefon sein. Man kann den Telefonpartner vorher einweihen, indem man sagt: «Ich spreche jetzt eine Blondine an», oder ihn wirklich raten lassen. Gleich, wie es ausgeht, man hat sofort einen witzigen Gesprächseinstieg, denn es gibt keine Frau auf der Welt, die nicht gern über ihr Haar spricht.

Wenn richtig geraten wurde, kann man vielleicht überprüfen, ob dieses Talent in der Familie liegt, und die Dame bitten, irgendeine Freundin anzurufen und einen selbst auch einmal raten zu lassen. Das kann man außerdem mit einer Wette kombinieren und – je nach Geschmack – um einen Abend im Theater oder einen Hamburger, eine selbst zusammengestellte CD oder einen Tangokurs wetten.

Wichtig ist, dass die passende Rolle oder der Vorwand immer zu der jeweiligen Situation passt. Sich in der Fußgängerzone als Model-Scout auszugeben, ist hoffnungslos und peinlich: Die Masche ist furchtbar alt, und die Enttäuschung, wenn wir eingestehen müssen, dass wir gelogen haben, wäre verheerend. Viel besser ist es, auf etwas Persönliches an der Zielperson zu reagieren. Wenn es uns gelingt, etwas an einem Menschen zu entdecken, das dieser an sich selbst schätzt, sind wir gut. Schaffen wir es dann noch, auf elegante Weise auszudrücken, was es ist, sind wir auf dem besten (Flirt-)Weg: Wir haben das Wesen der Dame oder des Herrn ein klein wenig entschlüsselt, und das entfaltet eine aphrodisierende Wirkung. Genau das ist der Unterschied zu einem platten Blödsinns-Kompliment à la «Du hast schöne Augen», das *komplett* wertlos, weil *komplett* austauschbar ist.

Ich stand einmal einer Dame gegenüber, die in Begleitung ihres aktuellen Freundes war. Ich merkte sofort, dass die Machtverhältnisse zwischen beiden unausgewogen waren und sie die Zügel in der Hand hielt. Dabei wusste ich, dass sie eigentlich lieber dominiert wird. Als sie gegangen waren, schrieb ich ihr eine SMS: «Ich hoffe, der Kerl an Deiner Seite weiß die Tiefe Deiner Augen zu würdigen.»

Hierbei liegt die aphrodisierende Kraft in mehreren Ebenen. Die Dame realisiert Folgendes:

a) Phillip erkennt, in der Beziehung zu meinem Freund stimmt etwas nicht. Er sieht genau hin.
b) Phillip liegt am Herzen, dass es mir gutgeht («Ich hoffe ...»).
c) Phillip sagt etwas über meine Augen, das treffend ist.
d) Phillip unterstellt mir etwas, das würdigenswert ist («Tiefe»).
e) Phillip vermutet, dass mein Freund dies nicht würdigt, und er hat recht.
f) Durch die leicht herabsetzende Wortwahl («Kerl») signalisiert Phillip seine Bereitschaft, ihn zu ersetzen. Das tut er indirekt, aber doch mit einer sanften Dominanz, die ich mag.

Doch zurück in die Fußgängerzone: Eine weitere mögliche und für viele vielleicht auch einfacher umzusetzende Variante besteht darin, ein Problem mit dem Mobiltelefon vorzutäuschen und an die überlegene Technik-Kompetenz des Flirtopfers zu appellieren. Man spielt also die Rolle eines Handy-Unkundigen und hat sich zugleich einen Schutzschild kreiert, der einen vor Verletzung bewahrt.

Die Crux beim Rolle-Spielen: Irgendwann muss man seine Legende als solche zu erkennen geben. Irgendwann müssen Sie gestehen, doch nicht der Hörbuch-Produzent oder jemand zu sein, der nach dem Weg fragt, was natürlich gewisse Enttäuschungen hervorrufen kann. Je ehrlicher Sie dann in dieser Situation sind, desto besser stehen die Chancen, dass man Ihnen verzeiht: «Es tut mir leid, aber ich habe einfach keinen anderen Weg gesehen, um Sie/dich anzusprechen. Aber ich musste es doch einfach tun!»

Generell gilt: Bleiben Sie so dicht wie möglich an der Wahrheit. Verbiegen Sie sich so wenig wie möglich. Wählen Sie ein Thema, das Sie wirklich interessiert, wenn Sie eine Geschichte spinnen. Wenn Sie Arzt sind, sagen Sie, Sie halten demnächst einen Vortrag über Gesichtssymmetrie, und wenn Sie ein Foto der Dame präsentieren dürften, würde den Zuhörern die Thematik sehr schnell deutlich. Sind Sie Komiker, behaupten Sie, ein Testpublikum mit einem Lachen wie dem der Frau Ihnen gegenüber würde Sie zu einem zweiten Kerkeling machen, als Student der Kommunikationswissenschaften würden Sie Ihre Diplomarbeit über non-verbale Kommunikation nur über ihre Mimik schreiben wollen, sie in Ihrem Kiosk als Kundenfang arbeiten lassen wollen, Ihren Kollegen auf dem Bau zeigen, welche Frau es wirklich wert wäre, ihr nachzupfeifen, etc.

Die Rolle, die Sie als Schutzschild wählen, ist immer nur eine momentane Rolle. Sie ist lediglich eine Notlösung, um Verkrampfungen zu lösen und Schüchternheit zu überwinden. Das Ziel ist es, so schnell wie möglich ohne sie auszukommen. Und Sie werden merken, dass das in der Tat schnell geht. Sobald sich ein natürliches Gespräch über andere Themen entwickelt, werden Sie Ihre Rolle vergessen und von ganz allein Sie selbst sein.

Sie werden entdecken, dass Sie es gar nicht nötig haben, eine Rolle zu spielen, und kommen mit einem Vorwand aus. Oder bestenfalls brauchen Sie nicht einmal den, da Ihr Gesprächseinstieg komplett aufrichtig war. Das Liebenswerte liegt ja in Ihnen und harrt seiner Entdeckung.

- Wenn Sie sehr schüchtern sind, wählen Sie als Schutzschild eine Rolle oder einen Vorwand, um jemanden anzusprechen.
- Suchen Sie nach einem auffälligen persönlichen Merkmal (Stimme, Größe, Mimik), um das als Anlass zum Ansprechen zu nehmen.
- Bleiben Sie immer möglichst dicht bei der Wahrheit, wenn Sie mehr wollen als nur einen kleinen unverbindlichen Flirt. So beugen Sie Enttäuschungen vor.
- Die Rolle dürfen Sie nur zum Trainieren einsetzen. Später werden wir uns völlig von Rollen frei machen.

KÖRPERSPRACHE

*Nur das Heilige ist es wert,
dass man es anrührt.*

Oscar Wilde

Bücher über Körpersprache füllen ganze Regale, und fast jeder weiß, dass wir aus der Körperhaltung eines Menschen viel über seinen Gemütszustand, sein Wesen herauslesen können. Doch auch und gerade beim Flirten ist die richtige Körpersprache unabdingbar: Wir kommunizieren schließlich auf jeder denkbaren Ebene mit unseren Flirtpartnern, und unsere Körpersprache wirkt bereits, bevor wir überhaupt den Mund aufmachen, um unser Flirtopfer anzusprechen.

Untersuchungen von Londoner Psychologen haben ergeben, dass Verbrecher ihre Opfer unterbewusst nach deren Körperhaltung auswählen, weil sie daraus ableiten, ob sich das Opfer wehren wird oder nicht. Eine gebeugte Körperhaltung, schlaff herunterhängende Arme und ein schlurfender Gang signalisieren sehr deutlich Schwäche und lassen vermuten, dass Räuber hier ein leichtes Spiel haben werden. Ein energisches Auftreten mit gerader Körperhaltung hingegen, angewinkelte Arme und ein fester Schritt wirken da schon ganz anders.

Für das Flirten gilt dasselbe, denn aus der Körperhaltung des Gegenübers ziehen wir unbewusst nicht nur Rückschlüsse auf sein Wesen, sondern auch auf seine Liebesfähigkeit.

Zu den Eigenschaften, die Frauen an Männern schätzen, gehören u.a. Durchsetzungsfähigkeit, Einschätzungsvermögen, energisches Auftreten, ein fester Schritt. Frauen muss man eine gewisse Körperspannung ansehen. Sie darf mit – erlauben Sie das schöne, alte Wort – Grazie gepaart sein. Frauen, die schlurfen oder stampfen, haben definitiv weniger Chancen, als Objekt der Begierde wahrgenommen zu werden. Halten Sie bitte Ihre Bewegungen für mich geschmeidig, wenn Sie eine Frau sind, und als Mann arbeiten wir mit wendiger Männlichkeit: Sportlich-elegant würde man diese Eigenschaft bei einem Auto nennen ...

Ein gutes Beispiel für das perfekte Beherrschen der Körpersprache sind Dirigenten. Sowohl Leonard Bernstein als auch Herbert von Karajan zeigen, mit welch minimalem Aufwand man eine maximale Wirkung erzeugen kann. Das Anheben eines Zeigefingers um zwei Zentimeter kann dazu führen, dass einhundert kostümtragende Damen und befrackte Herren – die Mitglieder des Orchesters nämlich – abrupt einen Konzertsaal verlassen oder einen Beethovensturm auffahren lassen.

Als guter oder schlechter Körpersprachler zeigt man sich, wenn man mit Messer und Gabel isst. Beobachten Sie bitte bei Ihrem nächsten Restaurantbesuch, wie sich Männer in Ihrer Sichtweite ihren Speisen nähern. Viele Frauen behaupten, sie könnten daran, wie ein Mann Messer und Gabel handhabt, sehen, wie er im Bett ist. Dies nur, um Ihnen zu zeigen, wie groß die Tragweite der Körpersprache sein kann.

Immer an den Wünschen unserer Zielperson orientiert (Empathie! – Wir kennen die Bedürfnisse unseres Gegenübers), entfalten wir selbstverständlich eine Körpersprache, die das ausdrückt, was wir von uns vermitteln wollen. Einer eher schüchternen Bibliothekarin müssen wir nicht den Extrem-Macho geben und zum Beispiel alles, was wir sagen, mit einem Fausthieb auf den Tisch untermalen. Dabei gilt, wie bei jeder Kommunikationsfrage, die Grundregel: Weniger ist mehr.

Kein Gegenüber erträgt es, wenn man herumzappelt oder mit großen ausladenden Gesten arbeitet. Natürlich werden wir unsere Worte dann und wann mit Handbewegungen unterstreichen, aber wir werden es sexy und dezent tun. Bemühen wir einmal einen ganz Großen der alten Tage: Frank Sinatra. Der Sänger, Schauspieler und Entertainer war ein Meister der reduzierten Gesten. Selbst auf einer Live-Bühne arbeitete er mit wundervoll ausbalancierten Bewegungen, die niemals übertrieben wirkten.

Auch Hollywood hilft uns weiter. Machen Sie sich doch bitte einfach den Unterschied zwischen einem Bühnen- und einem Filmschauspieler bewusst. Auf der Bühne verhält sich der Schauspieler so, dass seine Mimik auch in Reihe 62 noch erkennbar ist. Er muss seine Figur *darstellen*, es gibt kein dezentes Lächeln, höchstens ein dezentes Lachen. Im Film hingegen muss der Schauspieler seine Figur *sein*. Ein Regisseur erklärte das einmal so: «Wenn du in einer Großaufnahme den Kopf um einen Zentimeter bewegst und die Leinwand zwölf Meter breit ist, gehen die Leute in Deckung.»

Wir sollten uns deshalb eher wie ein Filmschauspieler bewegen, als ob wir uns in einer permanenten Großaufnahme befinden: d.h., uns sparsame Bewegungsabläufe anzueignen, ohne übertriebene Mimik oder Gestik. Natürlich möchte ich keinesfalls, dass Sie komplett versteinern, aber achten Sie doch demnächst einfach einmal auf Ihre Bewegungen und verkleinern Sie sie. Die Wirkung, die Sie bei Ihrem nächsten Date damit entfalten, wird Sie begeistern: Man wird Ihnen viel mehr Aufmerksamkeit schenken, weil jede Regung etwas Besonderes ist. Das gilt übrigens auch für die Disco. Wild zappelnde Männer werden von Frauen eher als skurril angesehen. Ein Mann, der etwas cooler tanzt, hat viel bessere Chancen, als Partnerschaftskandidat (eine Partnerschaft kann auch für nur eine Nacht bestehen – das für diejenigen, die es darauf anlegen) wahrgenommen zu werden. Ich muss hier eine 25-jährige Dame zitieren, die meine Recherche mit folgenden Worten kommentierte: «Am coolsten sind die, die am Rand stehen.»

Für Frauen gilt beim Tanzen: Wer zu sehr im Beckenbereich agiert, kann schnell als äußerst, drücken wir es mal freundlich aus, «sinnenfroh» inter- oder missinterpretiert werden.

Das Verkleinern der Bewegungen ist ein Punkt. Der andere ist, dass Ihre Bewegungen sicher wirken sollten. «Sicher» heißt, dass sie zielgerichtet und schnörkellos ablaufen müssen. Im Restaurant werden Sie nicht mit der Gabel im Essen herummanschen, sondern mit dem Besteck mundgerechte Portionen bereiten. Sie werden nichts verschütten und ein Trinkglas oder eine Tasse leise aufsetzen. Wenn Sie Salat oder Gemüse mit einer Hand vorlegen können, tun Sie es dezent; wenn nicht: Lassen Sie es oder üben Sie daheim. Nichts wirkt peinlicher als ein galanter Bewegungsablauf, der misslingt. Sie werden außerdem, unter gar keinen Umständen, Geräusche beim Essen verursachen und – nebenbei – keinesfalls vor Ihrem Gegenüber fertig werden. Dieses würde sich sonst unbehaglich fühlen und glauben, sich beeilen zu müssen. Aber das muss ich Ihnen als Empathiker ja nicht mehr erzählen.

Sollte es einmal vorkommen, dass Ihnen in irgendeiner Situation ein Missgeschick passiert, korrigieren Sie es souverän lächelnd. Wenn Sie in Gegenwart einer Dame zum Beispiel schlecht eingeparkt haben und 46 Zentimeter von der Bordsteinkante entfernt stehen, machen Sie einen Witz daraus, wenn sie es bemerkt: «Dann kannst du einen kleinen Spaziergang zum Bürgersteig machen.»

Für das Gesamtauftreten gilt: eine stabile Grundhaltung mit einer gesunden Körperspannung. Sie werden es merken, wenn Sie übertrieben steif wirken. Dann lockern Sie sich etwas. Männer neigen dazu, sich zu lümmeln, es sich in einem Sessel allzu bequem zu machen. In der Öffentlichkeit ist ein bisschen Lümmeln erlaubt. Wenn Sie eine männliche Ausstrahlung erreichen wollen, sogar in einem gewissen Maß gewünscht: Man kann nämlich durchaus mit Eleganz lümmeln. Al Bundy lümmelt vulgär, unmännlich und unattraktiv. Pierce Brosnan lümmelt als James Bond gepflegt und überlegen. Ist der Unterschied verständlich? Ein paar sanfte Machogesten sind erlaubt, wenn nicht sogar sehr wirkungsvoll.

Hier kommen wir wieder zu Frank Sinatra und den Dirigenten. Bestimmte auffordernde Gesten können extrem sexy wirken. Mit leicht ausgestrecktem Arm, Handrücken nach unten, die Finger auf sich zu beugen ist eine herrische Geste. Wenn man statt aller Finger nur Zeige- und Mittelfinger nutzt und die Fingerbewegung auf ein bis zwei Zentimeter reduziert, wird aus dem herrischen Charakter der Bewegung ein eher zart auffordernder. Dazu kann man mit einem Lächeln den Grad der Freundlichkeit oder der Ironie steuern.

Das harmonische Zusammenspiel aus Worten, Gesten, Grundhaltung und Mimik ist der Schlüssel zu einer gelungenen Gesamtkommunikation. Dabei stehen immer die auffälligsten Aussagen im Vordergrund. Reiben wir uns etwa die ganze Zeit nervös die Hände, bestimmt dies die Aussage der Kommunikation. Lachen wir dagegen von Zeit zu Zeit unwiderstehlich, ist das die Hauptaussage.

Auch hier ist es wie bei den meisten Übungen: Ein wenig Selbstbeobachtung und Spiegeltraining führen schnell dazu, dass Sie an Sicherheit und Beliebtheit gewinnen werden. Wahrscheinlich müssen Sie ohnehin nur eine kleine Feinkorrektur vornehmen.

Hierbei ist «Spiegelung» das Zauberwort. Sitzen Sie beim Essen, nehmen Sie zunächst unbedingt in etwa dieselbe Haltung ein wie Ihr Flirtopfer. Lehnt sich die Frau etwa genüsslich zurück, tun Sie es auch. Beugt sie sich nach vorne, um etwas zu erzählen, müssen Sie es auch tun. Ein Ungleichgewicht in solchen Situationen legt immer ein Machtgefüge zwischen den Flirtenden fest. Dieses Machtgefüge darf nicht zu früh festgeschrieben und erst recht nicht zu einem Machtgefälle werden.

Nehmen wir also an, Sie sitzen in einer Cocktailbar und erzählen aus Ihrem Leben, öffnen Ihr Herz und zeigen eine vertrauensselige Grundhaltung. Wenn Sie sich dabei etwa auf den Tisch aufstützen und nach vorne beugen, während die Dame, die Zuhörerin sich bequem anlehnt, wissen Sie, dass Sie verloren haben. Sie haben verloren, weil Sie zeigen, dass Sie kämpfen. Ich beobachte diese Konstellation immer wieder in Restaurants: Ein Kerl beugt sich nach vorne, die Dame lehnt sich zurück. Dann würde ich am liebsten zu diesem Tisch rennen, mir den meist jungen Mann greifen und ihn brüderlich anschreien: «Junge, du verlierst hier gerade komplett! Geh kurz raus, besinn dich auf deine Großartigkeit, komm dann wieder und zeig der Frau, dass sie sich dich auch ein bisschen verdienen muss.»

Der Zurückgelehnte wird vom sich Vorlehnenden hofiert. Würde man hier spiegeln – also jeweils die gleiche Körperhaltung einnehmen –, wären die Machtverhältnisse neutral und ausbaufähig. Wer den Bettelnden gibt, gibt sich auf – und das wirkt beunruhigend unsexy. Die Amerikaner haben für solches Verhalten das hübsche Wort «needy»: «bedürftig sein, es nötig haben».

Gehen Sie doch einfach einmal in ein großes Frühstückscafé und sehen Sie sich um. Lernen Sie aus den Fehlern der anderen und nehmen Sie sich die, die es richtig machen, zum Vorbild. Achten Sie in diesem Café einmal auf die Mädels, die einen Kerl zu sehr anhimmeln und nicht spiegeln: Er wird sie vernaschen und verlassen. Männer, die sich zu offensichtlich ins Zeug legen, werden leider nicht einmal vernascht werden, sondern gleich allein gelassen. Die Welt da draußen kann uns so viel lehren, wenn wir einfach einmal etwas genauer hinsehen.

Bei einem Gespräch im Stehen kommt es zu weniger offenkundigen Machtäußerungen. Aber die Hände in den Hosentaschen, der Abstand zum Gesprächspartner oder die Blickdauer sind ebenfalls spiegelbare Umstände. Kommt etwa der eine Gesprächspartner zuweilen ein wenig näher, wenn er etwas sagt, kann der andere das auch tun. Sie werden ein Gespür für die Spiegelung bekommen, wenn Sie einfach ein wenig beobachten, wie sich andere verhalten.

Hilfreich beim Interpretieren ist der sogenannte Dreiecksblick: Wenn wir wissen wollen, wie sehr sich unser Flirtopfer für uns interessiert, brauchen wir nur zu beobachten, wie es uns während des Gesprächs anschaut. Sieht es die ganze Zeit nur in eines unserer Augen, ist unser Flirtopfer noch «kalt», wechselt sein Blick von Auge zu Auge, ist es schon etwas «angewärmt». Wird dann der Mund mit in die schweifenden Blicke einbezogen, wird es noch «wärmer», und wenn sich das Dreieck weiter nach unten in Richtung Brust oder noch tiefer weitet, kocht unser Gegenüber bereits. Das Beste: Wir können den Dreiecksblick natürlich auch aktiv einsetzen, und er wird verstanden werden.

Weitere positive Körpersignale sind bestimmte Gesten, z.B. wenn eine Frau sich durch das Haar fährt oder an ihrer Frisur herumnestelt. Bei Männern gilt das Gleiche: frisch gewaschene Haare, eine auffällig glatte Rasur, eine auffällig drei Tage lang nicht vollzogene Rasur, das etwas zu glatt gebügelte schicke Hemd etc.

Je mehr sich jemand für uns herausgeputzt hat, desto intensiver ist natürlich sein Interesse an uns – verzeihen Sie, dass ich derart Offenkundiges überhaupt ausspreche.

Ganz simpel auch: wenn unser Flirtopfer viel lacht. Wenn es

uns allerdings durch Frechheiten aufstacheln will, uns zu beweisen, müssen wir noch etwas rudern: «Du hast also einen 7er-BMW, ja?» oder «Du kannst alle Beethovensonaten spielen?» oder «Du bist also Pilot ...» Ja, meine Herren, dann müssen wir beweisen, was wir mit Körperhaltung und Worten versprachen.

Eines noch: Bei der ersten Annäherung stellen Sie sich bitte immer leicht angewinkelt vor das Flirtopfer. Bauen Sie sich nicht frontal vor ihm auf, das könnte bedrohlich wirken.

- Die Körperhaltung signalisiert bereits Ihre Haltung zu sich selbst.
- Suchen Sie sich ruhig Vorbilder (Dirigenten, Frank Sinatra).
- Spiegeln Sie Ihr Gegenüber.
- Setzen und achten Sie auf Bereitschaftssignale (Dreiecksblick).

STIMME

*Man muss jedem Hindernis Geduld,
Beharrlichkeit und eine sanfte Stimme entgegenstellen.*

Thomas Jefferson

Direkt nach dem Sichtkontakt und all seinen Komponenten (Lachen, Mimik, Körperhaltung, Kleidung etc.) ist natürlich das Ansprechen selbst entscheidend beim Flirten. Neben dem, was man sagt (dazu kommen wir später), sind es dann die Stimme und der Tonfall, die wir mit Bedacht einsetzen sollten.

Mit der Zeit meines Flirtunterfangens fiel mir Folgendes auf: Je tiefer ich sprach, desto freundlicher und interessierter war die Gegenseite. Das liegt zum einen daran, dass ein dunkler, sonorer Tonfall ausdrückt, dass man etwas zu geben hat, während ein hoher Tonfall, wie er etwa am Ausgang von Fragen gesetzt wird («Geben Sie mir mal Feuer?») suggeriert, dass man etwas haben, im Grunde genommen also jemandem etwas wegnehmen möchte. Und wer will sich schon von einem Unbekannten etwas nehmen lassen?

Spricht man mit erhöhter Stimme, ist das außerdem oft ein Indiz dafür, dass man lügt. Das liegt bei schlechten Lügnern daran, dass sie in ihren Aussagen übertreiben: Sie wollen extrem ehrlich wirken und verfallen in eine Form unangebrachter Leidenschaft. Dabei erhöht sich ihre Tonlage, und sie laufen Gefahr aufzufliegen.

Eine tiefe Stimmlage zu erreichen ist mit ein wenig Übung recht einfach, selbst wenn man von Natur aus ein eher piepsiges Organ hat. Stimmen Sie einfach einen Ton an und lassen Sie ihn so tief wie möglich werden. Sie werden merken, wie Ihr Brustkorb ab einer gewissen Tiefe mitzuschwingen beginnt.

Auf diesem Tiefenplateau bilden Sie jetzt Worte. Auch wenn Sie nur minimale Erfolge erzielen, gewinnen Sie. Genießen Sie das Vibrieren, wenn Sie sprechen, und genießen Sie die Wirkung bei Ihren Flirtopfern.

Ab einem gewissen Grad der Tiefe kann das manchmal vielleicht komisch wirken. Wenn die Dame Sie also damit aufzieht, werden Sie sofort einen selbstironischen Witz daraus machen: «Hab gestern wieder einen John-Wayne-Film gesehen ...» Und die Dame wird Sie in diesem Moment auf jeden Fall mögen.

Auch bei Frauen wirkt eine etwas tiefere Stimme attraktiver. Einer Freundin aus dem Saarland fiel auf, dass ihre Zuhörer schnell abgelenkt waren, wenn sie redete, sich sogar abwendeten. Sie zweifelte bereits an ihrer geistigen Kompetenz. Dabei waren es nicht die Inhalte, die sie äußerte, sondern die Art ihres Vortrags, der die Zuhörer zermürbte. Sie sprach nicht nur sehr hoch, sondern auch mit einer Sprachmelodie, die stets einen etwas vorwurfsvollen Unterton enthielt. Das lag daran, dass sie die Sprachmelodie ihres saarländischen Dialekts ins Hochdeutsche übertrug. In der saarländischen Melodie folgt ein hoher immer abrupt auf einen mittelhohen Ton – und genauso präsentiert man im Hochdeutschen Vorwürfe («Was soll denn das?»).

Ganz gleich, was die Dame also sagte, es wurde von Nicht-Saarländern schnell als Angriff aufgefasst. In Verbindung mit ihrer sehr hohen Grundstimme wurde es so für das Gegenüber in der Tat schnell unerträglich. Man konnte ihr wirklich nur zuhören, wenn man zeitgleich auf ihr Dekolleté starrte. Ich mochte sie aber (sie dachte so harmlos kleinstädtisch und war doch neugierig auf die Welt) und fasste deshalb den Mut, sie auf die vermutliche Ursache ihres Sozialmankos hinzuweisen. Wir trainierten ihre Stimme und ihren Tonfall – und mittlerweile ist sie Pressesprecherin einer Versicherung.

Überprüfen Sie bitte also auch Ihre Sprachmelodie. Ein vorwurfsvoller Unterton ist eindeutig stärker bei Frauen vertreten und kann – ebenso wie eine weinerliche, hohe Stimme bei Männern – abschreckend wirken.

Es versteht sich von selbst, dass man eine deutliche Aussprache anstreben sollte. Das heißt allerdings nicht, mit übergenauer Betonung zu sprechen. Das wirkt schnell künstlich. Sosehr wir also auch trainieren, das Ergebnis muss immer natürlich und ungezwungen klingen: Ein kleiner Nuschler, eine leidenschaftliche Tempoüberschreitung sind durchaus verzeihlich, wenn nicht sogar liebenswert. Sie rezitieren schließlich keine Gedichte.

Wichtig ist auch das Redetempo, das vielfach auch mit der Denkgeschwindigkeit in Zusammenhang steht. Ich selbst neige eindeutig zu schnellem Sprechen, weil mir Gedanken zuweilen geradezu durch den Kopf *schießen*. Aber das Sprechtempo muss immer der Aufnahmefähigkeit des Gegenübers angepasst sein. Wenn ich mit einer Schnellsprecherin rede, entfalte ich dieselbe Geschwindigkeit wie sie – und Schnellsprecherinnen und ich mochten einander bisher immer. Leider gibt es nur sehr wenige von ihnen.

- Männer sollten die Tiefe ihrer Stimme ausloten und einsetzen.
- Eine ruhige, sonore Stimme schafft Wünsche und stellt keine Forderungen.
- Frauen sollten auf Klarheit achten.

- Beobachten Sie den Einsatz Ihrer Stimme und üben Sie Stimm-Modulation.
- Auch der Tonfall setzt wichtige Signale. Kontrollieren Sie sich dabei.
- Achten Sie auf ein angepasstes Sprechtempo.

HUMORFAKTOR I: IRONIE UND SELBSTIRONIE

Humor ist nur eine komische Art, ernst zu sein.

Peter Ustinov

Es gibt unzählige rein sexuell intendierte Flirtratgeber, die Humor verbieten. Verbrennen Sie sie, falls Sie welche davon im Haus haben sollten. Humor ist eine Fähigkeit, die den Menschen von allen anderen Lebewesen unterscheidet. Katzen lachen nur, wenn sie unbeobachtet sind (und noch keinem Forscher gelang der Nachweis), Hunde lachen nie.

Natürlich gibt es zahllose Menschen, die verbittert durchs Leben stapfen, die keine Freunde haben und denen nie ein Lachen über die Lippen kommt. In den allermeisten Fällen sind solche Menschen selbst schuld. Sie trafen die Entscheidung, sich so oder so dem Leben und ihren Mitmenschen gegenüber zu positionieren.

Ausgenommen von dieser kritischen Beurteilung sind natürlich Menschen, die unermessliches Leid erlebt haben, für dessen Verarbeitung eine ganze Lebensspanne nicht ausreicht. Aber ich habe selbst Menschen ein Lächeln abgerungen, deren Lachmuskeln wegen Nichtanwendung bereits kaum noch existierten. Nicht durch grobe Witze, sondern durch Empathie. Ich versetzte mich in ihre Situation, erkannte, woher ein Hoffnungsschimmer leuchten könnte. Zeigte diesen auf, fand vielleicht das Absurde in ihrem Kummer, übersteigerte diesen mit zartem Humor und gewann ein Lachen und später Küsse.

Nun ist der Humor, den wir einsetzen wollen, nicht der eines platt erzählten Witzes. Das bringt uns nicht weiter. Der Humor, den man einsetzt, um Menschen zu «knacken», sie für sich zu gewinnen, muss ganz anders geartet sein: *persönlich*!

Humor wirkt immer beruhigend. Humor und Lachen sind Entspannungsfaktoren und die zweitbeste Grundlage, auf spielerische Weise Vertrauen zu schaffen.

Beim Humor ist ein schneller und besonders effektiver Weg derjenige, der mit gemeinsamen persönlichen Erfahrungen zusammenhängt. Beziehen Sie sich schnell auf von der Dame gemachte Bemerkungen, achten Sie auf Ihre Wortwahl, imitieren Sie diese mit einem sanft anerkennend-ironischen Unterton. Das geht so: Gebraucht sie oft ein bestimmtes Wort wie «brillant», wenn sie z.B. ein Buch beschreibt, nutzen Sie dieses Wort auch, aber in etwas ungewöhnlichem Zusammenhang: «Gut, dann gehe ich gleich zu dieser *brillanten* Kasse dahinten und werde es kaufen.» Wir zeigen damit wieder einmal, dass wir etwas Besonderes an ihr wahrgenommen haben und den Mut besitzen, es humor- und liebevoll zu karikieren. Bietet es sich an, das Scherzchen ein zweites Mal zu machen, haben Sie bereits einen gemeinsamen Running Gag – perfekt!

Nehmen wir einmal folgende Situation im Buchladen: Die Buchhändlerin hat langes, blondes Haar. Sie ist blond, sie ist Buchhändlerin, kann vermutlich also lesen. Blondsein und Lesenkönnen wäre in einem (abgedroschenen) Witz ein Widerspruch. Wagen wir dies: «Sie arbeiten hier? Obwohl Sie blond sind, können Sie also trotzdem lesen? Oder betreuen Sie die DVD-Abteilung?» Wie wir die jetzt drohende Ohrfeige bzw. die sehr wahrscheinliche Verärgerung umgehen, ist schwierig. Haben Sie eine Idee? Es gibt zwei Auswege, die Erfolg versprechen.

a) Wenn sie entgeistert reagiert und zur Ohrfeige ausholen möchte, können Sie mit einem langsam erblühenden Lachen signalisieren, dass Ihre Respektlosigkeit und Frechheit aus der souveränen Position eines Menschen herrührt, der den Mut hat zu provozieren, ohne dann zu fliehen, und dessen Lachen zeigt, dass er sein Leben unverkrampft meistert.

b) Sie ist immer noch entgeistert. Die verbale Variante wäre etwa: «Ich komme gerade von meinem Legasthenie-Kurs und suche die Comic-Abteilung. Bis zum ‹K› kenne ich schon alle Buchstaben.»

Sollte sie wider Erwarten nicht humorvoll darauf einsteigen (kaum vorstellbar) und uns dennoch weiterhin interessieren, müssen wir einen Dreh ins Seriöse vollziehen und unser Verhalten ihr gegenüber begründen: «Entschuldigen Sie, ich bin heute etwas albern. Habe gerade einen wichtigen Job bekommen.» Dann kommen wir mit unserem Anliegen auf sie zu. Buchhändlerinnen lieben Literatur. Wenn der Empathiekick bereits funktionierte, dann wissen Sie, ob die Dame jetzt lieber helfen will oder wir ihr helfen können, indem wir sie sanft belehren. Im ersten Fall sind wir natürlich unsicher und fragen nach Fachliteratur über französische Liebeslyrik des 19. Jahrhunderts. Sie wird einen kleinen Vortrag halten, und wir fragen nach. Das Interesse muss in jedem Fall ernsthaft wirken, und so reden wir allgemein über sprachliche Genauigkeit etc.

Im zweiten Fall ist die Frage spezieller: Wir suchen vielleicht T. S. Eliot, weil wir seine Sprachökonomie vergöttern. Jemand, der Sätze wie «Der Frühling mischt Erinnern und Begehren» geschrieben hat, hat wohl die Welt verstanden. (Natürlich thematisieren Sie hier etwas aus Ihrem persönlichen Interessenbereich. Wenn Sie Aquarienfische lieben, verlassen Sie den Laden, ansonsten reden Sie meinetwegen von Ihrem Boot, Ihrem Oldtimer, Ihrem Hund, Ihrer Pferdezucht oder dem Filmregisseur Quentin Tarantino.) Seien Sie also begeistert, zeigen Sie Leidenschaftsfähigkeit, indem Sie (für) etwas schwärmen. Leidenschaft zu zeigen ist immer angebracht. Man stellt damit unter Beweis, dass man Energie und Lebenslust besitzt.

Wenn man über Humor spricht, darf man aber auch die Selbstironie nicht vergessen: Es gibt wenig sympathischere Charaktereigenschaften als eine selbstironische Grundhaltung. Wenn Sie keine solche haben, legen Sie sich sofort eine zu, denn sonst dürfen Sie nicht weiterlesen, das ist schließlich MEIN Buch. Menschen, die sich selbst zu ernst nehmen, sind ein Gräuel. Meist sind es entsetzliche Langweiler – und, ich darf hier Stendhal zitieren: «Mörder und Langweiler sind gleich schlimm. Beide trachten mir nach dem Leben.»

Ohne Selbstironie ist man ständig verkrampft und entfaltet einen ungesunden Egoismus. Man nimmt sich als Mittelpunkt der Welt wahr und neigt zum Beispiel dazu, anderen detailliert und stundenlang Krankheitsgeschichten aufzutischen. Niemand da draußen will die Feinheiten Ihrer Wurzelkanalbehandlung hören. Auch das ist Empathie: nicht zu langweilen.

William Shakespeare hat einmal gesagt: «Das Leben ist ein Märchen voll Farbe und Lärm – erzählt von einem Narren und bedeutet: absolut nichts.» Ein Satz, der nicht verletzen soll, sondern uns vielleicht etwas von unserer Hybris nehmen kann. Es ist schließlich nichts weiter als ein verdammter Zufall, dass unser kleines Herz in ein friedliches Land des Wohlstandes platziert wurde. Nehmen wir uns also selbst nicht so wichtig. Es geht uns besser als den meisten Menschen auf der Welt. Wenn Sie sich selbst etwas weniger als Angelpunkt der Welt sehen, schaffen Sie außerdem Raum dafür, andere wahrzunehmen. Und Sie selbst werden durch eine selbstironische Grundhaltung viel liebenswürdiger und vermeiden sogar Stress.

Sehen Sie das Leben als ein immerwährendes Musical, durch das man sich eher hindurchsingt und -tanzt, als es zu durchleiden.

- Humor muss persönlich sein.
- Vermeiden Sie bitte Platituden.
- Passen Sie den Humor den Umständen an
(Wo sind Sie gerade? Wie spricht der Flirtpartner? Etc.).
- Erkennen und schaffen Sie Gemeinsamkeiten!
- Provozieren Sie ruhig ein wenig.
- Selbstironie ist eine gesunde Basis für Humor.

HUMORFAKTOR II: ERSTE WORTE

Bring sie zum Lachen, und du hast ein Leben.

Aus: «Besser geht's nicht».
Filmkomödie mit Jack Nicholson und Helen Hunt

Wir haben uns gerade mit Humor befasst und werden jetzt detailliert dessen Anwendung trainieren. Es geht um die entscheidenden ersten Worte, die Opener. Wenn man nicht sofort optisch überzeugt, muss man eben auf einer anderen Ebene positiv auffallen. Natürlich können wir eine optische durch eine verbale Attraktivität noch zusätzlich bereichern – wenn wir gut genug aussehen.

In der Tat sind die effektivsten Opener witzige Opener. Ein erheblicher Vorteil des Flirteinstiegs via Humor ist, dass auch Frauen damit offensiv arbeiten können. Generell schreckt ein offensives Auftreten von Frauen viele Männer ein wenig ab. Männer fragen sich dann häufig: «Warum hat die es nötig, die Initiative zu ergreifen?» Und sofort unterstellt man ihr Mankos, die in Richtungen gehen können wie: «Die hat wohl zwölf uneheliche Kinder» oder «Einen Ruf hat sie wahrscheinlich nicht mehr zu verlieren».

Wenn eine Frau dagegen einen wirklich pointierten Gesprächseinstieg liefert, verliert ein Mann nicht den Respekt, sondern entwickelt eher welchen. Am besten eignet sich dafür eine kleine Herausforderung: Der Mann muss sich an seiner Ehre gepackt fühlen, aktiv zu werden. In einer Bar kann eine Dame durchaus einem Kerl im Vorbeigehen etwas sagen wie: «Hat deine Mutter deine Brille ausgesucht?» Oder, je nach Gesinnung der Dame, etwas höflicher: «Deine Brille hat eine gewisse Tragik.» Oder, noch höflicher: «Sie sind der einzige Mensch auf der Welt, der diese Brille tragen kann.» Das alles könnte sie sagen, Hauptsache, sie bleibt nicht stehen, sondern geht weiter. Der Mann wird sie mit Blicken verfolgen und wissen, dass er jetzt am Zuge ist, sollte er interessiert sein. Die Dame hat sich nicht die geringste Blöße gegeben und war doch offensiv. Offensiv, ohne anbiedernd zu sein, großartig!

Als sensibler Mensch ist Ihnen wahrscheinlich aufgefallen, dass die Opener der Dame nicht gerade brüllend komisch waren. Das Gemeine ist: Bei einer Frau müssen sie das auch nicht sein. Der Mann wertet den Mut und die sanfte Frechheit der

Frau als Aufforderung und wird auch so aktiv werden, wenn er sich von der Dame angezogen fühlt.

Männer haben es bei der Opener-Frage dagegen erheblich schwerer: Ihre Witze müssen so gut sein, dass sie in einem Lachen der Dame münden. Deswegen jetzt ein klitzekleiner Grundkurs in Sachen Opener-Humor:

a) Die ersten Worte sollten situationsbezogen sein. Einerseits erleichtert uns das, eine passende Thematik zu finden, und andererseits wird der Opener bereits ein gewisses, vorteilhaftes Maß an Persönlichem haben.

b) Humor funktioniert immer auf der Ebene einer Überraschung. Je unerwarteter unsere Bemerkung ist, desto witziger wird sie sein.

c) Ein simpler Weg für einen Lacher ist immer eine maßlose Übertreibung. Wenn man in einem warmen Raum sagt, die Temperatur liege bei 40 000 Grad, ist das schon irgendwie lustig. «Ich habe etwa 800 000 Kilometer zurückgelegt, um diesen Film sehen zu können», ist ebenfalls ein bisschen witzig. «Wenn du mich heute noch heiraten willst, wird es zeitlich etwas knapp», ist auch nicht komplett humorfrei, als Opener aber zu platt.

d) Man kann eine skurrile Logik schaffen, in die man die Dame einbezieht. Hierbei ist es ganz wichtig, ernst zu bleiben. Wenn die Dame etwa sagt: «Ich habe einen Freund», kann man sehr ernst sagen: «Also, du hast *keinen* Freund.» Sie wird antworten: «Doch! Ich habe einen Freund!» Bleiben wir standhaft und ernst und sagen: «Ja, ich weiß, du hast keinen Freund», wird sie womöglich ausrasten und in schrillem Tonfall mitteilen: «Ich H-A-B-E E-I-N-E-N F-R-E-U-N-D.» Jetzt müssen wir nur lächeln, und schon erkennt sie, dass wir sie gerade zur Verbündeten in einem kleinen Spiel gemacht haben.

e) Unter d) haben wir eben gerade Irritation als Stilmittel mitbenutzt. Gut so, denn Irritation ist immer von Vorteil, weil sie die Aufmerksamkeit bündelt. Aus dem Autofenster heraus eine Frau zu fragen «Entschuldigung, wo will ich eigentlich hin?» funktioniert fast immer. In einem Geschäftstelefonat führt ein «Was will ich eigentlich?» in 95 % der Fälle zu einem Lacher.

f) Wir sollten mit Bildern arbeiten können, denn Frauen denken schneller in Bildern als Männer. Das taten wir ansatzweise bereits mit den 40 000 Grad und den 800 000 Kilometern. Zahlen sind aber verhältnismäßig schwache Bilder. Binden wir jedoch die Dame gekonnt in ein starkes Bild ein, können wir schneller Pluspunkte sammeln, denn das Bild wird sie nicht so rasch wieder vergessen. «Wenn du mich so anguckst, siehst du aus, als würdest du an der Reling der Titanic einen Eisberg sehen.» Gewinnend bei diesem Bild ist, dass wir die Dame selbst in den Mittelpunkt stellen und außerdem souveräne Selbstironie beweisen, denn das Bild ist ja nicht gerade schmeichelhaft für uns.

g) Wir können uns in aller Ruhe verschiedene Standard-Opener überlegen und sie bei passender Gelegenheit einsetzen. Wichtig ist aber, dass wir sie uns persönlich ausgedacht haben, denn die Opener müssen unseren Humor spiegeln. Man kann sich natürlich an anderen Geistesgrößen orientieren. Picasso etwa soll seinen Standard-Aufriss immer mit «Dich habe ich schon gemalt, bevor du geboren wurdest» begonnen haben. Das ist für ihn wunderbar passend gewesen, weil er die Mädchen – und er hat es ja immer auf sehr junge Frauen abgesehen – so schnell in seine weiteren Gedanken über Kunst einbeziehen und seine Philosophien am Beispiel jenes gerade angesprochenen Mädchens erörtern konnte. Seine Bilder mögen umstritten sein, seine Aufreiß-Touren sind zumindest funktional gewesen.

Kommen wir zur Sache! Opener! Die ersten Worte! Dabei bedenken Sie bitte, dass ein Opener zunächst nur einen *kleinen* Lacher hervorrufen soll, der dann die Grundlage für den Flirt bietet.

Wenn sich aus jedem zwanzigsten Ansprechen ein Date ergibt, ist das eine gute Ausbeute. Man kann ja durchaus hundert Versuche am Tag hinlegen.

Nehmen wir also einmal sechs beliebige Alltagssituationen, in denen man Opener üben kann:

Eine Kassiererin im Supermarkt. Wir stehen in einiger Entfernung und bekommen mit, wie sie jedem Kunden «Frohe Ostern» wünscht. Wir haben also die Zeit auf unserer Seite, und wenn wir noch keinen Universal-Opener im Stil von Picassos «Dich habe ich schon gemalt ...» haben, womit könnten wir eröffnen? Der Vorteil ist hier, dass wir reaktiv sein können, weil die ersten Worte von ihr kommen. Also, wir sind an der Reihe, sie trällert wie bei jedem Kunden ein «Frohe Ostern», und wir antworten: «Ohne Sie wird das wohl nichts.» Und lächeln. Damit konnte ich bisher immer gewinnen.

Im Museum. Es werden Gemälde ausgestellt. Zu der aufsichtführenden Kunstgeschichtsstudentin würde ich sagen: «Ich hätte gern den Munch dahinten und den da Vinci hier vorne. Wo finde ich die Kasse?» Wenn Sie das todernst vorbringen, um dann mit einem Lächeln ihrem Lächeln zu begegnen, wird das garantiert etwas.

Auf der Straße, einfach so. Ein breiter Bürgersteig in einer Geschäftsstraße. Sie scheint eine Businessfrau zu sein: «Entschuldigen Sie, wenn ich hier in der Nähe richtig gut essen gehen will – in einem Laden, in dem man von Menschen wie Ihnen umgeben ist –, wo könnte ich das tun?» Sie merken, der Humorfaktor ist hier sehr dezent eingesetzt, aber spätestens der Part «… in dem man von Menschen wie Ihnen umgeben ist» wird ein sanftes Lächeln auslösen. Bei einer klugen Frau muss man in gewisser Weise *minimal* vorgehen. Vergessen Sie nicht, dass es beim Opener zunächst nur um eine positive Kurzreaktion geht.

Im Restaurant. Er ist ein Künstlertyp, ganz in Schwarz gekleidet, sieht klug aus und hantiert mit seinem Handy. Sie gehen an seinem Tisch vorbei, bleiben kurz stehen und sagen: «Habe ich Sie nicht irgendwo schon einmal gesehen?» HALT! Das war ein Test, ob Sie noch aufmerksam lesen. Bestanden, danke. So etwas würden wir natürlich niemals sagen. Sie probieren es mit einem Blick, in dem ein sanftes Lächeln ruht. Mehr nicht. Denn wir sollten alles vermeiden, was bedürftig wirken könnte. Den Blick dürfen Sie aber später ruhig noch einmal wiederholen. Passiert gar nichts von Seiten des Kerls, ist ausnahmsweise eine Wortattacke erlaubt: «Schwul oder schüchtern?», wenn frau es frech will, oder «Schriftsteller oder Regisseur?», wenn es dezenter sein soll.

Im Handyladen. Sie wollen ein neues Mobiltelefon und sind vom Verkäufer entzückt. Versuchen Sie es mit: «Ist Ihre Nummer da einprogrammiert?» Wichtig: den Tonfall dabei nüchtern halten, sodass man sich bei Desinteresse des Verkäufers schnell ins Land der Unbedürftigen retten kann. Sagt der Kerl etwa ablehnend: «Natürlich nicht», können Sie sich in ein «Gut so» flüchten. Sagt er «Leider nicht» und lächelt, können Sie sagen: «Sie dürfen …» Der Opener funktioniert natürlich auch wunderbar bei einer Verkäuferin. «Ist Ihre Nummer da einprogrammiert?» könnte sie genauso verneinen. Als Mann dürfen Sie dann aber offensiver vorgehen und fragen: «Was muss ich tun, damit Sie sie einspeichern?»

Im Hotel. Hier konnte ich schon des Öfteren die Empfangsdamen mit einem simplen Anrede-Gag zu einem Lachen bewegen. Ich sprach sie mit dem Namen auf ihrem Ansteckschildchen an, allerdings nicht mit ihrem, sondern mit dem des Hotels. Dazu ein ablesender Blick auf jenes Schildchen: «Von wann bis wann gibt es eigentlich Frühstück, Frau Steigenberger (Frau Best Western, Frau Radisson, Frau Hilton etc.)?» Manchmal kann man noch weiter gehen: «Ist das Ihr Hotel?» Daraus ergaben sich später zuweilen Situationen, in denen ich das Hotelzimmer nicht mehr brauchte, weil ich privat einquartiert wurde.

Noch einmal: Die Eröffnungsworte dienen nur als allererster Einstieg. Es wird nicht möglich sein, mit dem Opener gleich eine Ehe zu schließen. Für alles Weitere brauchen wir Folgetaktiken, Empathie, Komplimente etc., also alles, was Sie hoffentlich verinnerlichen, während Sie das hier lesen.

- Die effektivsten Opener sind witzig.
- Auch Frauen können mit Humor flirten, ohne aufdringlich zu wirken.
- Humor funktioniert immer mit dem Element des Unerwarteten.
- Skurrilität, Irritation oder Übertreibung sind simple Humor-Methoden.
- Ein einziger, großartiger Standard-Opener kann für immer reichen, wenn Sie ihn sich in Ruhe selbst überlegt haben (Stichwort: Picasso).
- Die ersten Worte allein reichen nicht, bereiten Sie bitte Folgestrategien vor.

DER MINIMALFLIRT

Ich erobere nicht, ich unterwerfe mich.

Casanova

Der kunstvollste Flirt, wenn Sie mir einmal die Frechheit zugestehen, Flirten als Kunst zu betrachten, ist der elegante. Mit «Eleganz» meine ich hier Zurückhaltung in Verbindung mit Funktionalität. Sie werden es bereits erraten haben: Diese elegante Form des Flirts, der Minimalflirt, ist meine Lieblingstaktik. Er geht am schnellsten und erfordert sehr wenig Aufwand, eigentlich nur Souveränität, drei, vier richtige Worte und den richtigen Augenblick. Man geht dabei ganz unverdächtig vor. Ziel ist es, den Flirtpartner mit einer einzigen, sehr simplen, aber klar und langsam artikulierten Bemerkung zu verwirren. Besonders bei Menschen, bei denen man davon ausgehen darf, dass sie schwer zu bekommen sind, ist der sanfte Einstieg wichtig, etwa bei einer (noch) liierten Dame, einem sehr viel jüngeren Flirtopfer oder bei jemandem, der zunächst komplett unerreichbar erscheint, meinetwegen einem Star.

Auch hier sollten wir uns bewusst sein, dass wir allein den Starttermin für unsere Flirt-Operation bestimmen. Die Zeit ist unsere Verbündete, und sie kämpft an unserer Seite. So können wir einerseits in Ruhe beobachten und sondieren – und erwecken andererseits den Eindruck einer sanften, unaufdringlichen Überlegenheit.

Leichte Kurzflirtopfer sind sämtliche Dienstleister, die uns im Alltag begegnen. Die Kassiererin im Supermarkt, die Verkäuferin im Kaufhaus, die Anwältin, mit der wir neuerdings über Geschäftliches korrespondieren, aber auch Passanten, Wartende an der Bushaltestelle etc.: Alle werden wir auf sanfte Weise zu einem Lächeln bewegen, im Vorübergehen, nebenbei, ganz locker.

Nehmen Sie sich vor, an einem Tag zehn weibliche Lächler zu erhalten. Die mürrische Kassiererin im Supermarkt bekommt unser Mitgefühl: «Entschuldigen Sie, ist Ihnen heute auch der Wagen gestohlen worden? Nein? Was ist dann Ihr Grund, mich nicht anzustrahlen?» Sie wird lächeln, wenn Sie lächeln.

Bei der schönen Anwältin: «Vielen Dank für die Klageschrift an meine Werkstatt. Machen Sie auch Mord-Sachen, falls wir da zivilrechtlich nicht weiterkommen?»

Sie müssen natürlich nicht immer themenbezogen flirten. Die Anwältin in ihrem feinen Kostümchen kann man auch auf ihre Kleidung ansprechen: «Rufen Sie mich bitte an, wenn Sie mal eine Jeans tragen! Das muss ich sehen.»

Ein weiteres Beispiel: der Arztbesuch. Auf dem Zahnarztstuhl z. B. bekommt man nach dem Eingriff ja meist immer noch ein privat zu zahlendes Extraangebot zur Zahnpflege präsentiert. Lauschen wir einen Moment den Ausführungen, die immer mit Fragen à la «Benutzen Sie denn Zahnseide?» gespickt sein werden. Genau in diesem Augenblick können wir zuschlagen. Ich würde die Zahnärztin ansehen und mit sanfter Überraschung im Tonfall bemerken: «Sie haben grüne Augen.» Hier ist es die verbale Feinheit, kein «ja» einzubauen, also nicht «Sie haben ja grüne Augen» zu sagen, denn genau das wirkte übertrieben und aufdringlich.

Mit der simplen Feststellung der Augenfarbe sagen wir in diesem Moment: «Ihre professionellen Ausführungen bezüglich meiner Zahngesundheit sind für mich lebenswichtig und wertvoll, aber in Ihrer Gegenwart interessiere ich mich viel weniger für mich als für Sie. Ihre Augen sind fesselnder als mein albernes Wohlbefinden. Trotzdem lasse ich mich keinesfalls zu einem platten Kompliment verleiten, das jedermann machen könnte.

Ich teile Ihnen vielmehr schnörkellos mit, dass Sie etwas an sich haben, das ich bemerke. Ich bin also kein Schleimer, sondern ein ehrlicher Mensch, dessen Interesse Sie geweckt haben.»

Unglaublich, was man mit vier Worten sagen kann, oder? Die Reaktion wird fast immer Irritation sein, manchmal gefolgt von leichtem Erröten. Jetzt kommt der schwierige zweite Schritt. Die Dame wird wohl ein «Danke» oder «Was Sie nicht sagen» stammeln – und jetzt die Frage: Was machen wir? Und? Richtig. Wir lehnen uns zurück und lassen die Zahnärztin einfach weitermachen. Wir lächeln und sagen definitiv nichts.

Nun kommt wieder unsere geliebte Verbündete *Zeit* zum Tragen. Entweder bietet sich zur Verabschiedung oder wenn Sie den Termin für den nächsten Besuch festlegen, Gelegenheit für mehr Worte. Wenn nicht, nehmen wir unsere Gefährtin Zeit am Arm, gehen und haben zumindest beim nächsten Termin den Einstieg für ein romantisches Gespräch, in dem wir das Augenthema wieder aufnehmen, denn vergessen haben wird die Dame es nicht. «Immer noch grün?», wäre ein freundlicher und wiederum wundervoll «minimaler» Einstieg.

Sollten wir der Ärztin bereits jetzt gefallen, und ist sie ein offensiver Wesenstyp, wird sie in der Praxis etwas zu uns sagen. Dann haben wir gewonnen und können ein Gespräch beginnen. Wenn die Gelegenheit günstig erscheint, können wir ihr auch unsere Visitenkarte geben, frecher wäre natürlich, nach ihrer Privatnummer zu fragen. Hier die richtige Einschätzung vorzunehmen traue ich Ihnen bereits zu.

Sie sollen also nicht herumlaufen und wild Leute belästigen – wie es gewisse Flirtratgeber empfehlen –, sondern mit einer kleinen, an die Situation angepassten Bemerkung lernen, den Gemütszustand eines Gegenübers zu erfassen, entsprechend zu flirten und die meist freundliche Reaktion zu genießen.

Der Minimalflirt kann also schnell zu einem umfänglicheren

Flirt werden oder eben noch nicht. Auf jeden Fall ist es die souveränste Art vorzuarbeiten, da man sich kaum eine Blöße gibt. Man hat nicht gebaggert, nicht geschleimt und war keinesfalls aufdringlich. Eleganter geht es nicht. Nur so können Sie lernen, sich selbst zu überwinden und Hemmungen und Nervosität abzubauen. Nutzen Sie hierfür die Chancen von Kurzflirts auf unverbindlichem Niveau – dann sind Sie locker, wenn es wirklich drauf ankommt.

- Steigen Sie ganz unauffällig in den Flirt ein.
- Der Minimalflirt beginnt oft mit einem indirekten Kompliment.
- Die Zeit ist auf Ihrer Seite.
- Schweigen-Können zahlt sich aus.
- Der Minimalflirt ist absolut risikolos.

KONVERSATION

Wer zu viel spricht, schadet sich selbst.

Chrétien de Troyes

Die ersten Worte, das Ansprechen haben Sie jetzt gelernt, aber Sie werden ja weiterreden: bei den ersten Dates. Hierbei müssen Sie natürlich weiterhin alles daransetzen, einen großartigen Eindruck zu hinterlassen. Das Gespräch ist der entscheidende

Faktor beim Flirten, ja beim Aufbau jeglicher Beziehung, auch wenn das erste Interesse an einer anderen Person zuallererst durch das Äußere, durch ihre sexuelle Anziehungskraft ausgelöst wird. Nur wenige Worte genügen, um Nähe zwischen zwei Menschen herzustellen, gleichzeitig können ebenso wenige Worte das Interesse sofort erlahmen lassen – Sie kennen sicherlich auch die Situation, wenn man eine Dame nach einigen flirtenden Blicken anspricht und sie sich dann als hohle Nuss erweist ...

Worte können andererseits vollständig bedeutungslos sein. Verliebte zum Beispiel telefonieren stundenlang miteinander, nur um die Stimme des anderen hören zu können. Dann sind Worte nur Klang.

Kämpft man jedoch noch um die Dame, können sich Worte als semantische Minenfelder entpuppen. Ich muss Sie vorwarnen, dass ich im Folgenden etwas drastisch werde, um zu verdeutlichen, wie wichtig Worte meiner Ansicht nach für das Entstehen und intensive Ausleben von Liebe sind.

Grundsätzlich ist es in einem Gespräch natürlich immer von Vorteil, wortgewandt zu sein. Sollten Worte nicht Ihre Stärke sein, könnte ich jetzt sagen: Halten Sie einfach die Klappe und lassen Sie Madame reden. Aber so einfach mache ich es Ihnen nicht. Als Begründung für hingegrunzte Ein-Wort-Sätze anzuführen, man sei eben nicht der «Labertyp», ist nur eine Ausrede. Denn: Sie sind vermutlich nicht dumm. Sie verfügen vermutlich über einen Wortschatz. Und deshalb werden Sie ihn bitte nicht nur nutzen, sondern fortan täglich erweitern.

Es gibt einen fatalen Zusammenhang zwischen Worten und Denkfähigkeit. Menschen denken überwiegend in Worten. Sich ein Bild vorzustellen ist kein großer Denkvorgang, sondern eher ein Erinnerungsspielchen. Je größer unser Wortschatz ist, desto differenzierter und umfassender können wir nicht nur denken, sondern desto differenzierter und exakter können wir uns vor allem MITTEILEN, desto intensiver können wir empfinden.

Ich bin der festen Überzeugung, dass derjenige, dem die Worte fehlen, Gefühle zu beschreiben, die Gefühle selbst auch nur vage wahrnehmen kann. Je weniger Wortgewalt man besitzt, desto dumpfer muss jedes Liebeserlebnis sein.

In sprachlosen Frühkulturen dürfte ein tumbes, sexuelles Besitzdenken die einzige Empfindung gewesen sein. Sie mag das volle Empfindungsspektrum umfasst haben und insofern ein kraftvolles Gefühl gewesen sein, aber eben auch ein schnell austauschbares. Jeder feinere Genuss der vielleicht durchaus tiefgehenden Gefühle bleibt den Sprachunkundigen aber verwehrt. Es muss drastisch gesagt werden: Wer in der Liebe all die wunderbaren Schattierungen und Feinheiten sehen will, der kann das meiner Ansicht nach nur, wenn er über die passenden Worte verfügt. Das mag verletzend und provokant klingen, aber das macht es nicht weniger wahr.

Ich möchte Sie bitten (und ich danke Ihnen dafür und garantiere Ihnen, dass es sich tausendfach auszahlen wird!), das zu tun, was auch ich praktiziere: Jedes Fremdwort, das ich nicht kenne, schlage ich nach und notiere es in einer kleinen Kladde. Zuweilen schreibe ich auch besonders treffende Formulierungen auf. Ich weiß noch, wie ich als Jugendlicher in einer Filmkritik auf die Worte «elegante Kameraführung» stieß. Eleganz kannte ich bis dato nur in Verbindung mit Kleidung, vielleicht noch mit Autos oder Wohnungseinrichtungen. Auf einmal wurde mit ihr also die Kameraführung charakterisiert ... Das war für mich ein Schlüsselmoment für die Entwicklung meiner Liebe zur Sprache. Heute hilft sie mir, die Damen mit Worten zu streicheln – so, wie sie zuvor nie berührt worden sind. Verstehen Sie mich nicht falsch: Ich sage das nur, um Ihnen Appetit auf eine neue Art der Nähe zu machen.

Wagen Sie sich bitte auch an scheinbar schwierige Sachtexte heran, schlagen Sie nach, unterstreichen Sie. Romane können ebenfalls dazu beitragen, Ihren Wortschatz zu erweitern. Verlieren Sie die Berührungsängste vor Gedichten, falls Sie solche haben. Lesen Sie Pablo Neruda, Gottfried Benn, Robert Gernhardt (der auch für Otto Waalkes Gags schrieb). Und Vladimir Nabokov, weil er ein vorzüglicher Beobachter ist, dessen Sprache exakt und unsagbar elegant zugleich ist.

Verzeihen Sie die Belehrungen, aber ich muss Ihnen einfach Flirts und Liebe, wie ich sie erfahren durfte, schmackhaft machen!

Kehren wir zum Gespräch zurück: Hier ist eine exakte Wortwahl von Vorteil, aber doch noch nicht von allerhöchster Wichtigkeit. Es ist sogar Vorsicht geboten. Wir müssen sorgsam darauf achten, dass unsere Wortwahl der Situation und dem Gegenüber angemessen ist, um nicht einschüchternd oder verschreckend zu wirken: Spreche ich als 35-Jähriger mit einer 19-Jährigen, werde ich nicht mit Fremdworten klotzen, so exakt sie auch ausdrücken könnten, was ich mitteilen will. Bei einer promovierten Philologin allerdings lasse ich mich auf jede mir zur Verfügung stehende Sprachhöhe ein, würde mir sogar eine ironische Besserwisserei erlauben. Sie merken: Das Spiel mit den richtigen Worten ist eine sensible und schwierige Angelegenheit.

Lassen Sie mich bitte zwei Beispiele aus meiner Radiosendung anführen, die zeigen, wie man seinen Sprachstil dem Flirtopfer anpassen kann.

Die Dame im ersten Gesprächsausschnitt war recht gebildet, und so musste ich nicht davor zurückschrecken, Fremdworte zu benutzen:

Laetitia: «Meinungsforschung (...), Laetitia Wegener, guten Tag.»

Anrufer: «Guten Tag, Frau Wegener, mein Name ist Phillip von Senftleben.»
Laetitia: «Ich denke mal, Sie rufen wegen unserer Anzeige an?»
Anrufer: «Nein, nicht so ganz: Ich rufe an, weil Sie mich angeschrieben haben.»
Laetitia: «Ich weiß nicht, ob Sie bei mir richtig sind, ich bin eigentlich nur für das Recruiting zuständig.»
Anrufer: «Welchen Background haben Sie, dass Sie da sitzen? Sie studieren etwas ... wahrscheinlich Psychologie oder so was ...»
Laetitia: «... oder so was, ja!» (lacht)
Anrufer: «Das heißt, Sie machen sich eigentlich Gedanken über das Leben und ruhen sehr in sich selbst.»
Laetitia (lacht)
Anrufer: «Was halten Sie von Liebe? Halten Sie Liebe für ein psychologisches Phänomen oder ein emotionales oder beides?»
Laetitia: «Das ist doch irgendwie dasselbe?!»
Anrufer: «Richtig! Das war eine Fangfrage, ich wollte wissen, ob Sie argumentieren können.»
Laetitia: «Aha ...!» (lacht)
Anrufer: «Heißen Sie Laetitia? Ich konnte das vorhin nicht so ganz verstehen. Sie scheinen schon länger in diesem Laden zu arbeiten und assimilieren bereits Ihren eigenen Namen – was schade ist, es ist so ein erfreulicher Name, man könnte ihn langsam sprechen: L-A-E-T-I-T-I-A.»
Laetitia (lacht)

Die Nummer der Dame bekam ich dann recht schnell.
    Ein anderer Fall ist der folgende Gesprächsausschnitt. Die Dame war etwas bodenständiger, und so war ein ganz anderer Ton angesagt: direkter und schnörkelloser als oben.

Anrufer: «Ich bin in einer Werkstatt?»
Frau Schlümper: «Jo.»
Anrufer: «Kann ich in meinem Wagen dieses blödsinnige Warnsignal, dass der Gurt nicht angelegt ist, ausschalten?»
Frau Schlümper: «Nee, det is ja Ihre Sicherheit. Det is ja so abjespeichert.»
Anrufer: «Sie sind Automechanikerin?»
Frau Schlümper: «Ja, det bin ick, det hab ick jelernt.»
Anrufer: «Und Sie stehen da mit ölverschmierten Händen in der Gegend rum und heißen Schlümper?»
Frau Schlümper: «Ja, und manchmal arbeite ick och.»
Anrufer: «Was hat man aus deinem Namen in der Schule gemacht?»
Frau Schlümper (lacht): «Schlampe, Schlüpper, Schlumpf ...»
Anrufer: «Ich find's toll, mal so 'n bodenständigen Menschen am Telefon zu haben, der dann auch noch 'n Mädchen ist.»
Frau Schlümper: «'n Mädchen ...?»
Anrufer: «Was soll ich sagen, jemand mit deiner Stimme ist 'n Mädchen, ob Nasa-Astronautin oder Automechanikerin.»
Frau Schlümper (lacht schallend)

Als ich erfragte, wie groß sie ist – 153 Zentimeter –, wurde ich sehr neugierig, thematisierte noch ein bisschen den Widerspruch zwischen weiblicher Zerbrechlichkeit und ihrem Mechaniker-Job und bekam ihre Nummer.

Worauf müssen Sie also beim Flirtgespräch achten? Machen Sie nie den Fehler zu prahlen (mein Haus, mein Auto, mein Job). Das ist unter der Würde eines selbstironischen und selbstbewussten Menschen. Natürlich möchte man sich seinem Gegenüber so sympathisch wie möglich darstellen, und Sie dürfen (und sollen!) Ihre guten Seiten präsentieren. Machen Sie das aber dezent, und wirken Sie bescheiden in Worten und unauffällig in Taten. Ein betont deutlicher Hinweis auf die Höhe des gegebenen Trinkgelds ist peinlich, ein offensichtlich dankbarer Kellner dagegen Gold wert. Die Grundregel ist eine Softversion des Slogans «Show, don't tell!». (Zeig es, statt darüber zu reden!) Softversion insofern, als wir zwar nicht von unserer Großartigkeit erzählen, sie auch nicht direkt präsentieren, sondern bitte einfach durchscheinen lassen. Ich muss einer Frau nicht erzählen, dass ich ein begeisterter Pianist bin; wenn sie meine Wohnung betritt, wird sie mein Klavier sehen und fragen: «Kannst du spielen?» Dann darf ich sagen: «Ein bisschen.» Spielen werde ich nur, wenn sie mich bittet; so dränge ich meine kleine Fähigkeit nicht auf.

Reden Sie nicht zu viel, denn wer wenig spricht, kann nichts Falsches sagen, und gerade bei den ersten Begegnungen können unüberlegte Meinungsäußerungen fatal sein: Sich zum Beispiel eine Viertelstunde über die Unerträglichkeit von Rapsongs auszulassen, kann sich nachteilig auf unser Vorhaben auswirken, wenn das Flirtopfer Präsidentin des Bushido-Fanclubs ist. Gerade in Geschmacksfragen – das wissen wir schon – müssen wir zunächst sehr vorsichtig sein.

Andererseits wirken vehement vorgetragene Meinungsplädoyers männlich und anziehend. Das Problem liegt hier in der richtigen Balance. Trainieren wir also, die Balance zwischen Männlichkeit und Sensibilität zu wahren. Generell gilt: Männer dürfen etwas bestimmend auftreten («Komm, gehen wir an die Theke!»), während Frauen Anerkennung ausdrücken könnten («Du bist wirklich Versicherungs-Mensch? Das ist doch ein Knochenjob.»).

Grundregel: nicht zu viel reden, Selbstironie und Schlagfertigkeit an den Tag legen und je nach dem Bedürfnis der Dame Hilflosigkeit in bestimmten Situationen zeigen. Üben kann man das im Trockenen: Wenn Sie im Fernsehen eine solide Sitcom wie «King of Queens» oder klassische Dialogkomödien wie «Vor Hausfreunden wird gewarnt» sehen, schreiben Sie sich ruhig treffende Gesprächsausschnitte auf. Werden Sie sensibel für gekonnte Dialoge. Wenn Sie passendes Filmmaterial auf DVD haben, stoppen Sie einfach in einem Dialoggefecht den Film und überlegen Sie, wie Sie kontern würden. Lassen Sie dann die Disc weiterlaufen und vergleichen Sie Ihre Variante mit der der Filmautoren. Nach einiger Zeit werden Sie die Humor-Logik verinnerlicht haben. Warum nicht von Künstlern lernen? Das ist etwas mühsam, schult aber ungemein. Und es muss jetzt einmal deutlich gesagt werden: Bis zur Flirt-Perfektion kann es ein etwas längerer Weg sein.

Es gilt, auf das Gesagte des Gegenübers zu reagieren, darauf einzugehen, ohne ihm nach dem Mund zu reden – nichts ist weniger sexy als unterwürfige Anpassung. Sanfter Widerspruch macht einen indes interessant und sorgt dafür, dass man ernst genommen wird – wenn er denn substanziell ist. Ein solches Vorgehen steht dafür, dass man auch in anderen Lebenssituationen kein Duckmäuser ist, sondern jemand, der sich auch in seinem Arbeitsumfeld behaupten wird. Das liegt daran, dass man Verhaltensmuster kopiert und in allen Lebensbereichen anwendet. Wer in seinem Kegelclub humorlos auftritt, wird dies an seinem Arbeitsplatz ebenfalls tun.

Im Gespräch werden wir keinesfalls aufdringlich und übernehmen stattdessen den Part des aktiven Zuhörers. Das heißt, wir schalten nicht ab, auch wenn sie detailliert ihre Knieoperation schildert. Sollte das Hauptgewicht des Abends allerdings auf Krankengeschichten liegen und die Dame sich diesbezüglich gar nicht mehr bremsen können, gehen wir zur Gegenwehr über und ironisieren höflich, aber bestimmt die Themenwahl. Vielleicht mit den Worten: «Warte, so schnell kann ich nicht mitschreiben. Das ist doch einen Artikel in der Ärztezeitung wert.» Dann unser süßestes, versöhnlichstes Lächeln – und sie wird verstanden haben. Wenn nicht, setzen wir sie auf dem Heimweg in der Notaufnahme ab und rufen besser nicht mehr zurück. Nicht jedes Date kann glücklich ausgehen, und nicht jedes Gegenüber hat unsere großartige Gegenwart verdient.

Wichtig bleibt, nicht unaufgefordert über uns zu reden. Natürlich äußern wir zu einem Film etc. unsere Meinung, aber wir müssen so lange zurückhaltend bleiben, bis sich Interessen- oder, noch viel wichtiger, Geschmacksübereinstimmungen ergeben. Wenn Sie sich die Chancen auf alles offenhalten wollen, verschrecken Sie Ihr Gegenüber nicht durch sehr spezielle Meinungen oder indem Sie den anderen kritisieren, sich gar über ihn lustig machen. Für jeden Menschen ist sein eigener Geschmack heilig – egal, ob es um Ansichten oder um Äußerlichkeiten geht. Fangen wir beim ersten Date also keinen Streit darüber an.

Wenn die Maus etwa kleine Gemälde auf ihren Fingernägeln aufweist (was bedauerlicherweise in gewissen Kreisen und Altersstufen als chic gilt), dann ergreife ich entweder die Flucht oder besorge Nagellackentferner. Es gibt einfach Dinge, die für mich nicht hinnehmbar sind. Zugegeben: Die Grenze des Zumutbaren liegt bei jedem woanders. Wenn Sie Ihren Opel Astra gern noch tiefer legen würden und Goldkettchen mit Ihrem Namen tragen, dann stört Sie das Desaster auf den Fingernägeln der Dame vielleicht nicht. Jedem seine Geschmackswelt! Aber jedem auch die Freiheit, aus Geschmackswelten auszubrechen – und sie abzulehnen! So oder so gilt: Gewisse Gemeinsamkeiten lassen sich immer finden. Finden Sie sie also heraus oder seien Sie einfach ein guter Zuhörer.

Auch wenn Gesprächspausen entstehen, sollten Sie Ruhe bewahren. Ein geübtes, aber natürliches Lachen wirkt freundlicher und vorteilhafter als dummer, sinnbefreiter Smalltalk.

Sollte wirklich eine Gesprächspause eintreten, genießen Sie in diesem Moment das Parfüm der Dame oder ihren Anblick, aber sagen Sie niemals etwas wie «Schöne Teller haben die hier» oder «Ja, ja, so ist das». Nein, bitte bleiben Sie entspannt, und wenn die Wunderbare Ihnen gegenüber nichts sagt, werden Sie persönlich. Reden Sie mit ihr über sie. Betrachten Sie sie, dann wird Ihnen schon etwas einfallen – «Gott, deine Brüste!» werden Sie sich allerdings hoffentlich verkneifen. Betrachten Sie doch einmal ihr Gesicht. Wohin blickt sie? Nach oben oder unten? Seien Sie erfinderisch: «Du schaust immer nach oben, bist du ein Mensch, der Herausforderung sucht?» oder «Du guckst immer nach unten, erwartest du, dass das Leben dich hofiert?» Dann ein Lächeln. Sie zeigen Interesse, Sie deuten sie, Sie wollen sie verstehen, Sie interessieren sich für sie – Sie werden gewinnen.

Worüber fast jeder Mensch gern spricht, ist außerdem sein Beruf, seine Ausbildung oder sein Studium. Lenken wir das Gespräch darauf und fragen wir gezielt: «Welche Karrierechancen bieten sich? Habt ihr auch so eine spezielle Bürohierarchie?»

Noch ein wichtiger Tipp: Strahlen Sie Ruhe aus, vergessen Sie Ihr Ziel! Denken Sie nicht immer daran, wie Ihr Flirtpartner wohl nackt aussieht und ob Sie ihn heute noch ins Bett kriegen. Signalisieren Sie ihm vielmehr, dass SIE noch darüber nachdenken, ob Sie überhaupt etwas von ihm wollen.

Wenn Sie irgendwann ausreichend Bereitschafts-Signalworte wie «in meiner Straße, zu Hause, meine Wohnung, Nachttischlampe, Bettbezug, Dusche» gehört haben, haben Sie ohnehin gewonnen, aber zeigen Sie Ihr Interesse nur sehr zurückhaltend. Die Dame muss das Gefühl haben, etwas um Sie kämpfen zu müssen.

Spannend wird es, wenn sie irgendwann sagt (und viele tun das): «Lassen wir doch die Spielchen!» Das Einzige, das wir jetzt mit Gewissheit erfahren haben, ist: Die Spielchen gehen gerade los. Kein einziger Flirt auf der Welt kommt ohne diese kleinen Machtspielchen aus: Wer will hier von wem etwas?

Sobald wir dann so wirken, als hätten wir es auch nur im Geringsten nötig (siehe oben), haben wir das Spielchen verloren. Es ist ein äußerst harter Kampf. Wir dürfen nichts erbitten, sondern es nur in Aussicht stellen. Statt «Darf ich dich nochmal ins Kino einladen?» sagen wir besser: «Nächste Woche läuft hier noch ein Bruce-Willis-Film.» Und arbeiten mit dem richtigen Lächeln. Es sind diese Kleinigkeiten, die ein Gesamtbild ergeben und die wir nicht unterschätzen dürfen.

In einer Paarbeziehung ist es so, dass ein negatives Paarerlebnis durch fünf positive ausgeglichen werden muss, damit wieder eine neutrale Situation herrscht (Gottman-Konstante). Dies gilt genauso für die Anbahnung einer Beziehung. Wenn wir beim ersten Date einen knalligen Fehler machen, brauchen wir fünf Begeisterungsmomente, um wieder bei null anfangen zu können.

Wichtig ist deshalb bei allen Flirtversuchen: üben, üben, üben. Nur so gewinnt man Routine und die damit verbundene Sicherheit, mit Abfuhren umzugehen oder aber auch in ungewöhnlichen Situationen mit ungewöhnlichen Menschen zu flirten. Gehen Sie ruhig vor den Spiegel, um Ihr Lächeln zu üben, Ihre Mimik zu beobachten oder die Wirkung hochgezogener Augenbrauen zu testen.

Aber irgendwann kommt hoffentlich der Moment, der deutlich zeigt, dass beide das Gleiche wollen (das muss keinesfalls beim ersten Date sein). Das kann eine «versehentliche» zärtliche Berührung sein oder der nicht abgewehrte Griff nach der Hand des anderen. Dann ist der Inhalt der Unterhaltung endlich gleichgültig, und man beginnt unkontrolliert zu plappern, weil es einfach schön ist, die Stimme des anderen so lange zu hören, bis der erste Kuss sie erstickt.

- Sie müssen ständig Ihren Wortschatz erweitern.
- Angeben ist verboten.
- Sie müssen das Sprachniveau des Gegenübers in etwa spiegeln.
- Im richtigen Moment müssen Sie auch einmal schweigen können.
- Haben Sie Respekt vor dem Geschmack des anderen.
- Trainieren Sie Schlagfertigkeit vor dem Fernseher.
- Bedenken Sie die Gottman-Konstante.
- Männer dürfen etwas bestimmend auftreten, Frauen können ein wenig bewundern.
- Sie müssen im Gespräch zeigen, dass Sie etwas zu geben haben.

DAS IGNORANZSPIELCHEN

*Es gibt zwei Tragödien im Leben:
Eine ist, nicht zu bekommen, was man will.
Die andere, es zu bekommen.*

Oscar Wilde

Als Student verkaufte ich auf dem Flohmarkt alles, was mit Musik zu tun hatte. Einmal bekam ich einen Posten Billy-Holiday-CDs für 50 Pfennig das Stück. Da die Qualität der Discs sehr hochwertig war, nahm ich sie gerne und bot sie für 5 DM an. Doch kaum einer wollte sie haben – zu Zeiten, da CDs noch nicht als Billigware im Handel waren, schienen sie uninteressant, wahrscheinlich hatten viele das Motto «Was nichts kostet, ist auch nichts» verinnerlicht. Erst als ich den Preis schließlich auf 22 DM pro Stück hochsetzte, riss man sie mir förmlich aus der Hand. Die Kunden wollten sich offenbar etwas gönnen: Sie waren es sich wert.

Wie im Geschäft verhält es sich auch oft in Liebesdingen: Was man einfach und mit wenig Mitteln erreichen kann, will man gar nicht mehr so unbedingt. Kennen Sie diese Erfahrung? Sie schmachten einen Menschen so lange an, bis er Sie bemerkt, endlich bereit ist, sich Ihnen zuzuwenden, und genau dann interessiert er Sie plötzlich nicht mehr. Wenn wir lange kämpfen müssen, um etwas zu erreichen, scheint es uns mehr wert zu sein: Haben wir eine köstliche Dame im Visier, aber sie ziert sich immer wieder, sich wirklich auf uns einzulassen, gar zu küssen, macht sie das für uns noch wertvoller (zumindest, solange sie den Bogen nicht überspannt und wir nicht den Mut verlieren). Erst recht, wenn wir bemerken, dass auch andere Männer an ihr interessiert sind: Was alle haben wollen, muss gut sein.

Eine Dame zickte einst bei mir so lange herum, dass ich kurz vorm Aufgeben war (und das wäre schade gewesen, denn sie war eine fränkische Spezialität mit einer unwiderstehlichen Körbchengröße). Bis ich dachte, dass ich den Spieß auch umdrehen könnte, und mich folgenden Tricks bediente: Zu einem Date erschien ich zwanzig Minuten zu spät und begründete meine Unhöflichkeit damit, dass meine Exfreundin – ich erfand eine attraktive Ärztin – mich aufgesucht habe, weil sie den Tod (irgend)eines Haustiers nicht verkrafte. «Die will doch noch was von dir!», echauffierte sich die Fränkin da plötzlich, und noch am selben Abend gelangte ich an mein langersehntes Ziel. Die plausibel erfundene Konkurrenz gab hier den Ausschlag, endlich MEINE Wunderbarkeit zu begreifen.

Das sollten Sie sich also merken: Gleich, worum es geht, machen wir uns nie zu billig. Sobald man etwas nötig zu haben scheint, wird das, was man nötig hat, schwieriger zu erreichen sein – das haben Sie ja schon im Kapitel «Körpersprache» gelernt.

Die schönsten Frauen reagieren auf Ignoranz oft viel mehr als auf Aufmerksamkeit. Aufmerksamkeit bekommen sie täglich. Alle gaffen, keiner traut sich, den ersten Schritt zu tun, und wenn sich einer traut, womöglich auf eine unterwürfige Dürfte-ich-könnte-ich-vielleicht-bitte-Tour. Es ist kein Märchen: Die Schönen sind oft einsam. Eine bildschöne, blonde 182-Zentimeter-Praktikantin in meinem Büro wurde immer wieder an Schauspielschulen abgelehnt, weil man ihr ob ihrer Attraktivität einfach kein Talent zutraute. Wer schön ist, muss es also nicht unbedingt leicht haben. Nun sind natürlich auch nicht alle schönen Frauen unglücklich, aber sehr oft genervt von Fehleinschätzungen. Wie auch immer: Unsere Ignoranz muss immer im richtigen Maß angewendet werden. Welches Maß das rechte ist, merken wir schnell. Wenn einem etwa eine Gruppe Damen in der Pause während eines Seminars gegenübersteht, suchen wir nicht Kontakt zu jener, auf die wir es eigentlich abgesehen haben, sondern zum optischen Mittelmaß. Keinesfalls zur Hässlichsten, sonst machen wir uns zu klein.

Mit all den uns bereits zur Verfügung stehenden Taktiken erregen wir dann auch das Interesse der Schönen (dasselbe gilt für Frauen, die einen Kerl fixiert haben, um noch einmal klarzumachen, dass die meisten Taktiken übergeschlechtlich funktionieren – in einer Konferenz ist es dasselbe, wenn wir mehr mit dem Vize-Direktor der Firma reden als mit dem ebenfalls anwesenden Direktor selbst).

Die Schöne, der Schöne, der Direktor, alle sind zunächst durch unsere Ignoranz sanft pikiert. Wenn wir nun noch etwas provozieren, werden wir zumindest wahrgenommen. Und zwar als jemand, der sich über gewisse hierarchische Strukturen hinwegsetzt. Das spricht für eine hohe soziale Kompetenz, denn nur Alphatiere trauen sich, Machtstrukturen zu ignorieren, gar zu sprengen.

Sprechen wir also die Dame der Wahl an. Wir involvieren sie gnädig und herausfordernd: «Wahrscheinlich können Sie mir den ganzen Sachverhalt auch nicht erklären ...» (wir müssen und dürfen jetzt auch persönlich werden und bestenfalls den wunden Punkt treffen) «... mit Ihrem leeren Modelgrinsen» (wie frech wir im Einzelfall werden, müssen wir genau abwägen. Das hier ist schon sehr frech. Sind wir in der Damengruppe nicht der Held, verringern wir das Frechheitsmaß und lassen z. B. das «leeren» vor Modelgrinsen weg oder sagen Modellächeln etc.).

Wir sind gemein, wir setzen dort an, wo es ihr wehtut. Niemand traut ihr etwas zu und wir nun scheinbar auch nicht. Dann retten wir uns und die Schöne und die Menschlichkeit: «Aber Ihre Augen sehen ein bisschen nach Denkerin aus. Erzählen Sie mal, wie Sie das einschätzen.» Wir ziehen sie zur Seite und sind jetzt allein mit ihr. Wir sind höflich, charmant, nehmen ihre Worte ernst. Sollte die oben geschilderte Situation zu hart an der Grenze gewesen sein, können wir oft mit einem Lächeln, das Ton und Worte ironisiert, die Lage für uns gewinnen.

Unser Lächeln ist ohnedies immer ein ausgezeichnetes Hintertürchen. Die verschiedenen Abstufungen des Lächelns sind eine fast so wirksame Waffe wie die Worte, die wir benutzen: das Lächeln mit den Augen, dem Mundwinkel, mit offenem Mund, dem ganzen Gesicht oder mit hochgezogener Augenbraue. Sehen Sie einfach einmal in den Spiegel und testen Sie die Wirkung zunächst an sich selbst. Ein unerwartetes Lächeln inmitten einer Ignoranz-Situation kann einen sehr schnell zum

Sieger machen. Gebe ich etwa einer Kellnerin furchtbar genau Anweisungen zu meiner Essensbestellung und IGNORIERE sie komplett in ihrer Weiblichkeit, weil sie für mich im Moment des Bestellens nur die Person ist, die ebendiese Bestellung aufnimmt, lasse ich dann ein bestimmtes Lächeln folgen. Ein Lächeln, das ich so dosiere, dass es sagt: «Sie sind eine Frau und nicht nur eine Person.» Es muss sehr verbindlich, lang und leicht verschmitzt sein, denn es soll zum Ausdruck bringen: «Ich entschuldige mich, dass ich zunächst die Frau in Ihnen übersah, und bin jetzt umso erfreuter, sie zu bemerken.» Das muss man trainieren.

- Sie müssen immer vermitteln, dass Sie es nicht nötig haben, sich aufzudrängen.
- Lernen Sie, Ihr Lächeln fein zu dosieren.
- Zeigen Sie niemals Angst.
- Ignoranz ist der dezenteste Einstieg in einen Flirt.

FASZINATION UND LEIDENSCHAFT

*Das Durchschnittliche gibt der Welt ihren Bestand,
das Außergewöhnliche ihren Wert.*

Oscar Wilde

Bisher haben wir nebenbei schon immer mit Faszination gearbeitet, ohne diese genauer zu beobachten. Das tun wir jetzt, um unsere Taktiken immer weiter zu verfeinern.

Wenn es gelingt, das Gegenüber wirklich zu faszinieren, hat man bereits gewonnen. Dann braucht man die Faszination nur noch mit einem sexuellen Reiz zu kombinieren.

Der Unterschied zwischen Faszinieren und Unterhalten ist immens. Unterhalten heißt, den anderen dazu zu bewegen, zuzuhören und nicht aufzustehen und zu gehen. Das ist immerhin schon etwas. Zu faszinieren hingegen bedeutet, beim Gegenüber begeisterte Blicke und den sprichwörtlichen offenen Mund hervorzurufen, also seine komplette Aufmerksamkeit auf sich zu lenken. So sehr, dass er nie mehr gehen will und seine vegetativen Körperfunktionen nur noch arbeiten, um Ihnen zuzuhören und Sie anzusehen.

Dieses Maß an Begeisterung erreicht man nicht oft und nicht bei jedem Flirtopfer. Wichtig dafür ist, dass Sie selbst von einem Thema begeistert sind – und dass Ihr Gegenüber über die nötigen Fähigkeiten verfügt, zu erkennen, wie großartig Sie sind.

Wie kann man also vorgehen? Wenn ich meine Leidenschaft für Musik mit einer Frau teilen möchte, schildere ich, was Musik mit und in mir anzurichten vermag. Wenn ich vom Herzklopfen beim Genuss von Beethoven erzähle und dass zu seiner Zeit viele seiner Sonaten nicht jugendfrei waren, weil sie bei den

Zuhörern zu intensive Gefühlswallungen verursachten, mache ich gleich zwei Dinge gleichzeitig deutlich: Ich bin sensibel für Musik, und ich habe Gefühle, über die ich sprechen kann und will.

Viel wichtiger aber ist, dass ich damit auch bei einer 20-jährigen MTV-Maus Neugier wecken kann: «nicht jugendfreie Musik»! Beethoven war nicht jugendgefährdend, weil er wie heute bei Rap-Songs alberne Texte mit verbotenen Worten verwendete, sondern weil eine unwillkürliche, gefährliche, sprich: *emotionale* Wirkung von seiner Musik ausging.

Sollte es sich ergeben, dass ich die 20-Jährige mit nach Hause nehme, kann ich ihr dann mit ein paar erklärenden Worten die Mondscheinsonate vorspielen, und beim zweiten Hören wird auch eine abgebrühte Disco-Maus verwundert sein, dass Beethoven eine tiefe Wirkung auf sie hat.

«Faszination» lässt sich nicht von Leidenschaft trennen. Es wäre falsch zu behaupten, leidenschaftliche Menschen würden das Flirtspiel immer gewinnen, aber es ist richtig, dass sie es schneller gewinnen.

Wir werden später sehen, wie man auch durch Nüchternheit faszinieren kann, aber bleiben wir zunächst bei der Leidenschaft. Ich vergesse nie, wie ich eine 22-jährige Physiotherapeutin in meine Wohnung mitnahm, um gemeinsam mit ihr die Oper «Carmen» auf DVD zu sehen. Wir platzierten uns vor dem Bildschirm, und ich gab mich hingerissen. Die Dame war an der Oper komplett uninteressiert und stand doch die ersten 70 Minuten ohne Murren durch. Während wir schauten, bemerkte ich, dass sie öfter mich beobachtete, anstatt die Oper im Fernseher anzusehen. Sie war fasziniert von meiner Leidenschaft, sodass ich ihr weitere Akte von Carmen ersparte und sie bei leisem Jazz zu küssen begann.

Wenn Sie für etwas eine Leidenschaft haben, was von weiblicher Seite anerkennungsfähig ist, zeigen Sie es. Protzen Sie sanft mit Ihrer Leidenschaft, denn die Dame wird sofort den Schluss ziehen, dass Sie in anderen Lebensbereichen ebenso leidenschaftlich sind. Bestenfalls wird die Dame selbst zu einem dieser Lebensbereiche werden wollen. Zu einem Lebensbereich, den Sie hingebungsvoll hegen werden, emotional und sexuell – so glaubt sie.

Bei manchen mag die Leidenschaft ihr Sport sein, bei anderen ist es ein kulturvolleres Betätigungsfeld. So oder so: Wir sollten niemanden von etwas zu begeistern versuchen, das komplett außerhalb seines Interesses liegt.

Das Wort Faszination kommt aus dem Lateinischen und bedeutet ursprünglich «Behexung, Bezauberung». Bezaubern wir also. Wir bezaubern fortan bereits mit dem ersten Blick, der erwidert wird. Sobald wir ein Zielobjekt wahrnehmen, sind wir uns unseres Äußeren bewusst. Wir haben uns so angezogen, dass wir uns wohlfühlen, wir verstellen uns nicht, wir mögen uns. Senden Sie folgendes Signal aus: «Ich bin ein großartiger Mensch. Leidenschaftlich, vielseitig interessiert, gutaussehend, und du siehst aus, als wärst du jemand, den ich an mich heranließe.»

Nun ist es natürlich eine harte Aufgabe für jemanden, der nicht wie Cary Grant aussieht, auf den ersten Blick zu bezaubern. Ich erwähnte schon, dass ich selbst keinesfalls ein Liebe-auf-den-ersten-Blick-Typ bin. Aber da wir uns selbst ja seit dem Kapitel «Das wunderbare Ich» gut kennen, wissen wir, welchen Gewinn jeder, der uns kennenlernt, davontragen würde.

Theoretisch stehen uns jetzt alle Möglichkeiten offen, den Faszinierungs-Mechanismus einzuleiten. Wir haben ein Lächeln, einen Blick, und wir haben Worte.

Wir sind im Supermarkt und sehen die brünette Schönheit, deren Sommersprossen so niedlich wirken, wie ihre Figur träumen lässt. Wir starten unauffällig den ersten Blickkontakt. Wir brauchen einen Anlass für einen Blick. Vielleicht steht ihr Einkaufswagen im Weg. Wir stupsen ihn beiseite, wenn sie guckt, und signalisieren mit einem Lächeln, dass wir nicht bösartig stupsen. Kommt ein Lächeln zurück, wissen wir, dass wir nicht als aufdringlich empfunden werden – denn aufdringlich dürfen wir nie sein.

Wo ist nun der Faszinationsaspekt? Er ist eingeleitet, denn wir lächeln zwar verbindlich, sagen aber noch nichts. So wirken wir souverän, denn wir wollen nichts, aber auch gar nichts von der Dame – zumindest tun wir so. Im besten Fall beunruhigt das die Brünette, denn sie hält sich für schön und ist dumme Anmache gewöhnt. Wir sind für sie bereits auf unterster Stufe faszinierend, weil wir unerwartet handeln.

An der Schlange zur Kasse werden wir uns hinter ihr einreihen. Jetzt wird es schwierig: Wir sind keine plumpen Aufreißer, wir werden keinen platten Spruch à la «Na, auch beim Einkaufen?» bringen und versuchen deshalb, die Dame einzuschätzen. Sie ist Ende 20, Studentinnen-Typ. In ihrem Einkaufswagen findet sich statt des teuren Shampoos die günstige Eigenmarke des Supermarkts. Mineralwasser trinkt sie kohlensäurehaltig, und sie liest den «Spiegel». Alles nichts Besonderes. Wie fasziniert man diese vermeintliche Allerweltsfrau? Einfach anlächeln? Albern. Ein Kompliment über ihre Haare machen? Lachhaft. Wo ist das Besondere an dieser Frau? Wir müssen es erkennen und genau dadurch verhexen, behexen, verzaubern. Sie hält ihren Autoschlüssel bereits in der Hand, am Schlüsselbund hängen kleine Ballettschuhe. Da ist er, unser Aufhänger: Sie scheint Ballett zu mögen (oder kleine Schuhe).

Eine sommersprossige Ballettliebhaberin, die ihr Geld nicht zum Fenster hinausschmeißt (Shampoo) und einen gesunden Magen zu haben scheint (Kohlensäure).

Faszinieren, jetzt! Wir sind nicht nervös, weil wir routiniert sind, nichts zu verlieren haben und unser wunderbares Ich uns Ruhe gibt. Was also tun? Entweder wir tanzen um unseren Einkaufswagen (für Fortgeschrittene), oder wir wählen die Wort-Variante: «Wenn Sie Ihren Einkaufswagen bewegen, sieht das aus wie eine Choreographie. Sind Sie Tänzerin?» Wir haben fasziniert, wir haben das Wesen der Frau erkannt. Jetzt ein Gespräch zu entwickeln, dürfte das kleinste Problem sein. Wenn sie bezahlt hat, sagen wir: «Warten Sie eine Minute auf mich auf dem Parkplatz?» Schon haben wir ein Date. Natürlich wird nicht jede Dame sofort bereit sein, auf uns zu warten. Unter den zwanzig Frauen oder Männern, denen wir uns täglich flirtend nähern – weil das sanfte Flirten zu unserer Natur werden muss –, unter diesen zwanzig werden zehn sein, die liiert sind, drei, deren Typ wir nicht sind, und vermutlich fünf, die uns bei näherer Betrachtung nicht mehr genug gefallen. Übrig bleiben zwei Aspirantinnen. Das ist doch ein phantastisches Tagesergebnis. 700 potenzielle Partner pro Jahr!

Zurück zur Brünetten: Wenn sie statt der Ballettschuhe einen Schlüsselanhänger mit einem Fußball oder einem Mini oder mit Donald Duck dabeigehabt hätte, hätten wir unseren Satz natürlich entsprechend angepasst: «Kennen Sie diese wunderbaren Carl-Barks-Lithographien, in denen Donald sich in klassischen Gemälden wiederfindet?» oder «Warum lieben Frauen eigentlich dieses kleine Auto (den Mini) noch mehr, wenn ein Mann am Steuer sitzt?» Es könnte sich ein Gespräch entwickeln, im Laufe dessen gegenseitiges Interesse entsteht. Im Idealfall können wir die Angesprochene dazu bringen, dass sie uns ihre Nummer geradezu aufdrängt.

So ideal verläuft das erste Ansprechen leider nicht immer. Aber in jedem Fall wäre es sehr elegant, wenn wir die Idee, die Telefonnummer mitgeben zu wollen, in den Flirtpartner selbst setzen. Man kann einfach die Gedanken ein wenig in die Richtung *erneuter Kontakt* lenken und dann die Frage nach dem *Wie* in den Raum stellen. Der Brünetten (und allen Rothaarigen und Blonden und ganz Dunklen …) sagen: «Ich würde gern noch viereinhalb Stunden über Donald Duck mit Ihnen sinnieren … irgendwann … irgendwo – muss jetzt aber weg. Was machen wir?» Wenn wir überzeugend waren, wird der Guten jetzt etwas in Ziffer-Dimensionen einfallen.

Nehmen wir also an, wir haben nun die Telefonnummer der Brünetten und wollen das erste Date organisieren. Was fangen wir mit der Dame an? «Gehen wir zum Griechen!» ist in Ordnung, aber nicht wirklich inspiriert. In diesem Kapitel wollen wir jedoch nach jeder Möglichkeit suchen zu verzaubern. Also werden wir spezieller.

Suchen Sie also eine Ballettperformance aus dem Stadtmagazin heraus und besorgen Sie Karten. Und wenn sie Mini-Fan ist, der sich noch keinen leistet, könnten wir ein Restaurant in der Nähe eines entsprechenden Händlers wählen, so, dass wir nach oder vor einem Essen daran vorbeischlendern und ihre Träume sichtbar werden lassen.

Wichtig: Die Mühe, die es Ihnen gemacht hat, das erste Date ein wenig glamourös werden zu lassen, darf nicht auffallen. Wenn Sie auch nur eine Bemerkung darüber machen, wie schwierig es war, noch Karten für den Ballettabend zu beschaffen, haben Sie verloren. Denn faszinierend wirkt die Unbeschwertheit, die Leichtigkeit, mit denen der Rahmen für den ersten gemeinsamen Abend geschaffen wird.

Ganz gleich, wie nett bisher alles lief, irgendwann sind wieder Worte gefragt. In der Bar nach dem Kino oder dem Ballett. Faszinieren heißt jetzt alles, nur nicht angeben. Wir werden je nach Temperament der Dame ruhig oder leidenschaftlich auftreten. Ansonsten sind natürlich die Konversationsregeln einzuhalten:

sie mehr reden lassen, keine Angst vor Gesprächspausen haben, Interesse an ihr zeigen etc. (siehe oben). Wissen und Kennerschaft faszinieren immer.

Wenn Sie jetzt denken «Worin kenne ich mich schon aus?» oder «Ich weiß eigentlich über nichts so richtig Bescheid», lesen Sie, verdammt! Bleiben Sie in Ihrer Entwicklung nicht stehen. Lassen Sie mal den Fernseher für ein Stündchen aus und testen Sie, ob es noch mehr als triviale Blödsinns-TV-Serien im Leben gibt.

Was nun, wenn der Abend rund verläuft, es aber einfach nicht «klick» macht, wenn so gar keine sexuelle Stimmung aufkommen mag? Haben Sie richtig fasziniert, auf die richtige Körpersprache geachtet und nicht allzu viel Unsinn geredet, dürfte das eigentlich nicht passieren.

Sollte es dennoch so sein und Sie die Dame weiterhin interessant finden, entspannen Sie sich. Man kann nicht immer am ersten Abend bereits völlige Hingabe erwarten. Aber, und das ist ein guter Weg, zu überprüfen, wie es um ihre Gefühle bestellt ist: Wenn wirklich vier, fünf freundliche Stunden hinter uns liegen, sollte die Dame einem Griff nach ihrer Hand nicht ausweichen. Bei einer besonders klugen oder ehrlichen oder niedlichen Bemerkung ihrerseits fahre ich ihr gern mit einem Finger über ihre Wange. Kommt keine Gegenwehr, sondern ein Lächeln, weiß ich, dass der Abend durchaus noch in die richtige Richtung gehen kann. Die Faszination liegt hier im Mut, die Initiative zu ergreifen.

Sollte ein sanfter Streichelversuch abgewehrt werden («Ich trenne mich morgen erst von meinem Freund»), müssen wir sofort und komplett unsere körperlichen Annäherungsversuche einstellen. Endet das Date so, würde ich auch immer auf ihren Anruf warten, ehe ich mich auf eine Abfuhr einließe.

Auch das ist eine gute Strategie, um zu faszinieren: Jede Frau will begehrt werden, und man soll ihr hinterhertelefonieren. Genau das nicht zu tun, kann ein Gewinn sein (siehe Ignoranzkapitel). Sollte gar nichts fruchten, haben wir entweder etwas falsch gemacht, oder die Dame hat uns nicht verdient. Lassen Sie sie ziehen und genießen Sie die nächste.

Wenn wir merken, dass die Leidenschaftsnummer noch verfrüht ist und als aufdringlich aufgefasst werden könnte, kann zunächst ein nüchternes Auftreten das Mittel der Wahl sein. Man merkt, dass die Leidenschaft nicht gut ankommt, wenn man dadurch die Dame ausbremst, weil sie eher gehemmt ist oder mehr Zeit braucht, bis sie Leidenschaft entfalten kann. Wir müssen dann sehr viel Ruhe ausstrahlen und – durch den Empathiekick versiert – die Fragen stellen, die die Gute aus sich herausgehen lassen (siehe oben). Und so faszinieren wir abermals, weil wir ihr Wesen erkennen.

- Leidenschaft und Faszination sind untrennbar.
- Faszinieren kann man mit Kleinigkeiten.
- Begeisterungsfähigkeit zeigt Liebesfähigkeit.
- Faszination muss überraschend sein.
- Leidenschaft steht für eine Haltung, die zu einem erfolgreichen Leben führt.

GEMEINSAME ERLEBNISSE

*Ich bin völlig unempfindlich gegen Schmerzen –
nur nicht gegen meine eigenen.*

Zero Mostel

Kennen Sie diesen Film mit John Candy, in dem er für das erste Rendezvous mit einer Dame nachts ein menschenleeres Stadion illuminieren lässt, um mit ihr auf dem Spielfeld ein Picknick zu veranstalten? Der Wert dieser Idee liegt neben vielen anderen Punkten in der Tatsache, dass Candy dadurch ein besonderes, unvergessliches Erlebnis für die Dame schafft.

Gemeinsame Erlebnisse, womöglich eine gemeinsame Problembewältigung, sind ausgezeichnete Mittel, Bindungen zu vertiefen. Selbst bei einem profanen Mensch-ärgere-dich-nicht-Turnier mit Freunden kann das gelingen, da hier unter Umständen Eigenschaften zum Vorschein treten, die man auch in Liebesbeziehungen schätzt: Teamfähigkeit, Empathie, Problemlösungskompetenz etc.

Ohne also im Geringsten sexuelle Untertöne ins Spiel zu bringen, kann man bereits durch ein schnödes Brettspiel oder andere alltägliche Situationen viel im Kampf um die Zuneigung eines Menschen erreichen: Während meiner Zeit als Immobilienberater musste ich zum Beispiel viel reisen. Einmal wurde ich von einer reizvollen Studentin begleitet. Als ich nach meinem ersten Kundenbesuch wieder zum Wagen kam, hatte die Süße bereits alles für den Folgetermin vorbereitet: die Tour ins Navigationssystem eingegeben, die Kundenkarteikarte bereitgelegt und mir ein Brötchen besorgt. So viel Teamgeist und Mitdenken waren bestechend und zeigten mir ganz direkt ihre

Beziehungsfähigkeit – und so war es kein Wunder, dass unsere weitere Tour einen äußerst angenehmen Verlauf nahm.

Auch gemeinsame Angsterlebnisse schweißen zusammen: Sei es bei einer Fahrt mit der Achterbahn, im Kino während eines Horrorfilms oder in einer im Tunnel steckengebliebenen U-Bahn – Wissenschaftler haben festgestellt, dass ein bisschen Nervenkitzel das Verhältnis zwischen Menschen rasch befördert. Es hat also durchaus einen tieferen Sinn, wenn man ein Date in die Achterbahn oder einen Horrorfilm entführt. Wichtig ist es allerdings, sich in solchen Situationen gegenüber dem anderen zu beweisen!

Es sind neurologische und chemische Prozesse, die uns bei unserem Vorhaben zur Seite stehen: Adrenalin führt einerseits zu einer erhöhten Aufmerksamkeit, andererseits zu einer erheblich größeren Bindungsbereitschaft. Das liegt daran, dass der Zusammenhalt die Überlebensmöglichkeit erhöht: Zu zweit ist die Chance, einen Tiger zu besiegen, nun mal größer.

Gemeinsame Abenteuer tragen also zur Bindung eher etwas bei als ein belangloser Kneipenabend, das habe ich selbst schon mehrfach erleben dürfen. Einst geriet ich mit einer Dame in einen Verkehrsunfall – sie fuhr. Nicht nur, weil ich etwas zwischen den Parteien schlichten konnte, sondern auch, weil ich einfach nur da war, fühlte sich die Dame mir plötzlich näher, als es dem Stand unserer Beziehungen angemessen gewesen wäre – und so küssten wir uns schneller als geplant.

Wunderbar illustriert wird diese Tatsache durch das berühmte «Brückenexperiment» des amerikanischen Sozialpsychologen Arthur Aron. Im Rahmen dieses Experiments stellte sich eine attraktive Mitarbeiterin auf zwei verschiedene Brücken: eine sehr hohe, wacklige Hängebrücke, die über einen Fluss führte, und eine solide, niedrigere, die über einen Nebenarm des Flusses gebaut war. Die Frau postierte sich zunächst auf der Hängebrücke und fragte männliche Probanden, ob sie einen Fragebogen ausfüllen könnten. Für eventuelle Rückfragen gab sie ihnen ihre Telefonnummer. Das Gleiche machte sie auf der sichereren Brücke. Interessanterweise riefen die Probanden von der Hängebrücke viermal häufiger an als die von der sicheren. Den Grund sehen Psychologen in einer Fehlinterpretation des Gehirns: Die Erregung, das Aufgeregtsein, die die Männer beim Überqueren der gefährlich schwankenden Brücke empfanden, brachten sie unbewusst mit der attraktiven Frau in Verbindung.

Schön, dass unser Hirn nur das Beste für uns will!

Hilfreich für die Intensivierung von Bindungen sind außerdem Situationen, in denen Trost gefragt ist. Dafür müssen Sie versuchen, die Gründe für die Traurigkeit des anderen detailliert nachzuvollziehen – nur so können Sie helfen. Fragen Sie also sensibel nach den Hintergründen, finden Sie die Zusammenhänge heraus. Hören Sie in respektvoller Ruhe zu, und kommen Sie erst dann mit Bewältigungsideen, wenn Sie merken, dass diese gewünscht sind. Erfahrungsgemäß ist Zuhören meist sinnvoller, als mit einem Redeschwall Ratschläge zu erteilen. Gerade Frauen wollen oft nur ihre Probleme einer intimen Öffentlichkeit (Ihnen) mitteilen, ohne gleich mit einem ganzen Katalog guter Ratschläge zugeschüttet zu werden.

Sätze wie «Das Gefühl kenne ich» oder «Das habe ich auch schon erlebt» sind zwar ein Eingeständnis der eigenen Hilflosigkeit, aber sie zeigen die Bereitschaft zum Verstehen und zur emotionalen Anteilnahme. Lieber also auf große Worte verzichten und dafür signalisieren, dass man einfach für den anderen da sein will und an ihn denkt – selbst aus der Ferne.

Einer Dame, deren Vater im Sterben lag, konnte ich einmal nur via SMS zur Seite stehen. Ich kannte alle Hintergründe ihres Leides und schrieb: «Nur 'n Gedanke und 'n Kuss. Mehr habe ich nicht, kann niemand für Dich haben. Dein P.»

Wenn der Grund für die Trauer nicht so essenziell ist wie die in einem Todesfall, kann man mit sanftem Humor anregen, neue Perspektiven zu sehen und das Erlebte hinter sich zu lassen.

Vergessen Sie nicht, dass es ein Kompliment ist, zum Trösten auserkoren worden zu sein. Ähnlich wie bei einer Angstsituation öffnet auch die Trostsituation die Möglichkeit, die Tür zur Seele des Gegenübers einen Spalt mehr zu öffnen. Tun Sie das bitte behutsam und freuen Sie sich auf den wunderbaren Profit, den Sie dadurch erhalten.

> - Gemeinsame Projekte oder Erfahrungen verbinden Menschen.
> - Gemeinsame emotionale Erlebnisse schaffen eine Tiefbindung!
> - Auch gemeinsame Angst verbindet.
> - Trost ist ein probates Mittel, Gefühle zu vertiefen; zuzuhören kann dann der Königsweg sein.

HÖFLICHKEIT

*Höflichkeit ist die Kunst,
zwischen seinen wahren Gedanken zu wählen.*

Madame de Staël

Wir nähern uns jetzt langsam der Perfektion im Flirten; betrachten wir also eine weitere Feinheit des strategischen Vorgehens: höflich zu sein.

Viele Menschen halten Höflichkeit für ein altmodisches Relikt. Ursprünglich leitet sich der Begriff aus dem Mittelhochdeutschen ab und steht für gesittet, gebildet, fein, hofgemäß (gemeint ist der jeweilige Fürstenhof), aber auch «unterhaltsam».

Höflichkeit ist allerdings immer modern und nicht nur für einen erfolgreichen Flirt absolut unerlässlich, sondern für alles Vorankommen im Leben. Machen wir es also kurz: Das Wort «höflich» umschreibt alles, was wir ab jetzt sein werden.

Mit höflichem Verhalten machen wir unserem Gegenüber durch natürliche, unaufdringliche Gesten das Leben leichter. Das können wir natürlich nur, wenn wir verstehen, auf welche Weise der andere dies wünscht – auch hier ist also wieder eine unserer wichtigsten Flirteigenschaften gefragt: die Empathie.

Dabei ist das richtige Maß der Höflichkeit entscheidend, denn das Allerpeinlichste sind großspurige Gesten. Flirtamateure und sozial Inkompetente schämen sich der Höflichkeit und versuchen, das zu überspielen, indem sie sie übertreiben. Das Feuergeben zu einem großen Auftritt werden zu lassen oder beim Stuhlzurückziehen für die Dame vor dem Platznehmen im Lokal eine übertriebene Verbeugung zu absolvieren – womöglich noch mit einer kreisförmig wedelnden Handbewegung – ist kaum weniger verwerflich als ein Handtaschenraub. Damen, die an so jemanden geraten sind, empfehle ich, im Lokal schnell ein Glas Wasser zu bestellen und Migräne vorzuschützen, bevor sie vor ihren Fernseher flüchten. Selbst Teleshopping wird erbaulicher sein als ein Abend mit einem solchen Kerl.

Als Mann müssen wir also unauffällig höflich sein. Natürlich öffnen wir der Dame die Beifahrertür, bevor wir einsteigen. (Für die Dame: Sollte der Kerl vor Ihnen einsteigen und keine Anstalten machen, Ihnen die Tür zu öffnen, sehe ich keine moralischen Bedenken, ihn zu erschießen oder zumindest sofort ein Taxi zu bevorzugen. Typen, die so handeln, können keinen dankbaren Sex bieten – und schon gar kein Partnerschaftskandidat sein.)

Wir öffnen also die Tür, lassen die hoffentlich Göttliche einsteigen und schließen die Tür wieder. Keinesfalls bieten wir ihr die Hand oder machen irgendein Aufhebens um die Aktion. Das Galante entsteht aus der ganz nebensächlichen Natürlichkeit der Aktion. Sollte der Wagen ungünstig stehen, sodass nicht beide vor der Tür Platz finden, gehen wir vor, schließen auf und öffnen einfach nur. Die Göttin wird verstehen, dass ein Schließen unsererseits einer Rangelei gleichgekommen wäre, und sie wird unsere pragmatische Haltung nicht nur bewundern, sondern auch unbewusst auf andere Lebensbereiche übertragen: Sie nimmt an, dass wir genauso souverän unser Leben meistern und auch in sexuellen Situationen einfühlsam und sanft bestimmend zugleich sind. Man kann es nicht oft genug sagen: Die kleinen Einzelelemente unseres Auftretens summieren sich zu einem Gesamtbild, dessen Wirkung wir allein in der Hand haben.

Damen sollten übrigens mit einer zurückhaltenden Umsicht auftreten. Das heißt, dem Herrn bei der Entfaltung seiner Höflichkeit in gewisser Weise assistieren. Es ist immer besser, als Frau ein wenig Aktivität zu zeigen, als sich komplett hofieren zu lassen. Das wirkt zickig und divenhaft und ist von jedem Liebesimpuls weit entfernt. Sie kann einen Kugelschreiber reichen, wenn einer gefragt ist, oder als Beifahrerin auf den Blitzer an der Ecke hinweisen. Umsicht ist eine unerlässliche Partnereigenschaft. Und sie ist so höflich …

Um Missverständnissen vorzubeugen und auf die Gefahr hin, mich zu wiederholen: Im Vorfeld unserer Flirtaktionen müssen wir alle Gesten und Verhaltensweisen so oft trainiert haben, dass sie zu einem Wesenszug geworden sind. Nur so wirken wir natürlich und nicht auf dämliche oder manierierte Weise kontrolliert. Deshalb gilt: Bei allen Höflichkeitsaktionen müssen wir ENTSPANNT wirken.

Zum Trainingspart gehört in puncto Höflichkeit zunächst folgendes Gedankenspiel: Wäre ich selbst der Gegenpart meines eigenen Flirts – wie könnte ich es mir am angenehmsten gestalten? Höflichkeiten sind kleine Hilfen wie das Reichen der Speisekarte, aber auch der Grundgedanke, den anderen in keine ernsthafte Verlegenheit zu bringen, etwa durch unangenehme Gesprächspausen.

Höflichkeit wird meist auch die Gegenseite herausfordern, und das ist gut so, schließlich haben wir selbst es ebenso verdient, hofiert zu werden. Wenn auch auf einer ganz anderen Ebene.

Wenn wir der Dame in den Mantel helfen, hat sie natürlich zu lächeln. Wenn wir bezahlen (und das tun wir selbstverständlich), hat sie dies zumindest mit einem Augenaufschlag anzuerkennen. Wir bekommen unsere Höflichkeiten zu Beginn immer nur mit noch kleineren Gesten vergolten, als wir sie liefern. Das macht nichts, denn was wir letztlich wollen, ist alles. Wir wollen die Hingabe an uns. Das Wertvollste, was die Frau zu bieten hat: sich selbst, und da kann man doch einen kleinen Vorschuss leisten.

- Höflichkeit ist immer modern.
- Höflichkeit ist eine elegante Form der Empathie.
- Das richtige Maß an Höflichkeit ist entscheidend: niemals übertreiben!
- Durch höfliches Verhalten sagen Sie sehr viel über sich aus – bis hin zu sexuellem Gebaren!

CHARME

*Charme ist das, was manche Leute haben,
bis sie beginnen, sich darauf zu verlassen.*

Simone de Beauvoir

Charmantes Verhalten ist eng mit Höflichkeit verknüpft, bedeutet aber noch weitaus mehr, als jemandem die Autotür aufzuhalten.

Oft wird Charme in Verbindung mit einer gewissen Unterwürfigkeit gebracht. Das ist entsetzlich. Charme ist Witz, Sanftheit in der Souveränität, (und wieder) eine selbstironische Grundhaltung, ein bisschen Eleganz, Verschmitztheit, Lächeln, Glanz, Höflichkeit und Frechheit. Cary Grant, Clark Gable, George Clooney, selbst Bart Simpson haben Charme.

Charmant aufzutreten ist meist unerlässlich. Es sei denn, man erkennt in seinem Gegenüber jemanden, der jeden Anflug von Charme als unlauteren Angriff auffasst. Solche Menschen gibt es natürlich. Manchmal, z.B. in Verkaufssituationen, ist auch ein Höchstmaß an Nüchternheit gefragt, weil es etwa um sehr große Summen geht. Charme funktioniert natürlich immer mit einem Augenzwinkern und etwas Ironie, was in solchen Situationen zu Misstrauen führen kann.

Dass Flirten eine permanente Verkaufssituation ist, wissen wir, also müssen wir die Ernsthaftigkeit unseres Anliegens auch untermauern. So mag zum Beispiel eine Frau erkennen, dass wir ziemlich versiert flirten, und misstrauisch daraus schließen, wir wollten sie nur auf die Schnelle aufreißen. Liebenswerte Frauen fallen aber nicht gerne auf Aufreißer-Maschen herein. Und genau das tun wir ja nicht. Falls es da noch Missverständnisse gibt: Wir begeistern und wollen Vertrauen nicht erschleichen, sondern erschaffen.

Unser Auftreten mag also zuweilen bei sehr kritischen Menschen zu souverän wirken. Um sie zu knacken, müssen wir etwas langsamer vorgehen als sonst. Was sonst gar nicht unserem Konzept entspricht (außer bei der Taktik: Haushalten mit dem Lachen, siehe oben), müssen wir hier eine Zeit lang anwenden: Wir müssen ernst sein.

Auf Einwände wie «Die wievielte Frau, die Sie diese Woche rumkriegen wollen, bin ich denn?» würden wir normalerweise selbstironisch eingehen, lachen und gewinnen. Aber es gibt Menschen, die in einer solchen Situation extrem vorsichtig sind, weil sie fürchten, etwas von sich preiszugeben, was sie für sehr wertvoll halten: ihr Vertrauen. Solche Leute sprechen über nichts Persönliches oder Emotionales. Diese Menschen sind wahrscheinlich oft betrogen worden. Hier gibt es nur ein Mittel: die Wahrheit. Antworten wir also der Frau uns gegenüber: «Ja, ich hab diese Woche schon drei Damen kennengelernt – und verabschiedet. Das Schlimme ist doch, dass man manchmal erst nach Stunden oder Tagen merkt, dass man seine Zeit verschwendet hat. Bei Ihnen könnte das ja ganz anders sein ...»

Charmant ist hier unsere zweifache Sensibilität: Wir drängen nicht, und wir zeigen gleichzeitig, dass wir sie ernst nehmen. Nun ist die Gute im Zugzwang, denn sie hat sich weiter so interessant zu geben, dass wir das suchen, was sie verbirgt. Wir werden nicht nachbohren, wir dürfen jetzt sanft lächeln, weil sie das Spiel verstanden hat und wir es gleichzeitig als Spiel enttarnen. Wir haben uns auf eine Stufe mit ihr gestellt, wir sind ihr so nah, dass sie gleich ihre Geheimnisse ausplaudern wird.

Je mehr Geheimnisse man von jemandem erfährt, desto spezieller kann man natürlich später angreifen. Erzählt sie etwa von einem Kerl, der nur ihr Geld wollte, werden wir immerfort darauf bedacht sein, unsere finanzielle Unabhängigkeit zu demonstrieren. Natürlich so dezent, dass es wahrscheinlich schon ausreicht, die Rechnung im Lokal zu übernehmen und ansonsten das Thema Geld gar nicht erst aufkommen zu lassen. Das ist wieder «charmant», weil es elegant ist, unangenehme Themen aus Sensibilität zu übergehen.

Wenn sie erzählt, dass sie immer nur ins Bett geschleift wird, weil viele sie für sehr gut aussehend halten, werden wir zwei Dinge nicht tun: ihre Schönheit loben und sexuelle Anspielungen äußern. Die Initiative wird von ihr ausgehen müssen – und das wird sie, denn es gefallen ihr jetzt schon so viele Dinge an uns: Wir sind ehrlich, sensibel, unaufdringlich, und wir wissen ihr Vertrauen zu schätzen. Und wenn wir uns mittels unserer Körpersprache auch nur annähernd erotisch gezeigt haben, werden wir sie küssen ... sehr bald.

Charme kann also Zurückhaltung sein. Natürlich gibt es auch die Fälle, in denen wir etwas offensiver sein müssen. Dann kommen Humor und sanfte Frechheit eher zum Tragen. Wir sind immer charmant, auch, wenn wir etwas brutaler provozieren. Denn mit einem Lächeln eine Provokationssituation zu retten, ist das Höchstmaß an Erfolg.

Frauen werden uns haben wollen, wenn wir vermitteln, dass wir sie genauso ernst nehmen, wie wir uns selbst ernst nehmen. Und das sollte ein geringes Maß sein. Albern wir, nehmen wir die Dame hoch, lachen wir über uns und über sie. Die Balance zwischen den Punkten, in denen man einen anderen Menschen ernst nimmt, und denen, in denen man Unernst walten lassen sollte, ist meist leicht zu erkennen.

Die meisten Frauen verstehen wenig Spaß in Bezug auf ihr Gewicht. Wenn es uns nun gelingt, sie selbst in diesem Punkt zu einer selbstironischen Haltung zu bewegen, haben wir sie ganz schnell dort, wo wir sie haben wollen.

Sie mit Blick auf ihre Hüften zu fragen «Du hast hier auch schon ein paar Gramm sichtbarer Lebensfreude, was?» ist für Anfänger das Aus. Uns hingegen eröffnet es die Möglichkeit, auf charmante Art und Weise Vertrauen zu schaffen. Je weniger wir die Göttin zu diesem Zeitpunkt kennen, desto unverschämter wirkt unsere Äußerung. Desto imposanter ist es dann aber auch, wenn wir es schaffen, die Situation ins Positive zu kehren: «Das Unerotischste ist doch missverstandene Perfektion. Diese Models, die nur für Geld lachen, wissen doch gar nicht, was Glücklichsein heißt. Du gönnst dir Glück, du nimmst dir vom Leben, was du willst. Diese paar Gramm zu viel zeigen, dass du selbstbestimmt lebst – alles andere hätte mich enttäuscht.»

Wir zeigen ihr, dass wir ihre positive Lebenseinstellung wahrnehmen und teilen. Wir schaffen wieder einen Aspekt, der für eine gleiche Augenhöhe spricht, und gewinnen erneut.

Charme will auch Bedürfnisse wecken. Beim Flirten schaffen wir Bedürfnisse, die wir erfüllen. Charme ist das geeignete Mittel, uns ins rechte Licht zu setzen, während das Gegenüber ebenfalls in den Lichtkegel einbezogen wird. Charme heißt, den anderen herausfordernd zu hofieren, ohne sich kleinzumachen.

Ganz wichtig: Charme darf nicht als solcher erkannt werden. Wenn man uns unterstellt: «Sie sind aber charmant», haben wir etwas falsch gemacht. Dann haben wir zu dick aufgetragen oder das geliefert, was als Charme missverstanden wird. Sollte es einmal vorkommen, dass man uns wirklich mit solchen Worten einschätzt, streiten wir es ab und sagen: «Das missverstehen Sie, das ist nur mein Wesen.»

Denn wer uns angewandten Charme unterstellt, hat bereits – wenn auch vielleicht ein freundliches – Misstrauen entwickelt. Das müssen wir offensiv zerstreuen. Wir müssen sofort lächelnd auf Aufrichtigkeit setzen.

- Charme hat nichts mit Unterwürfigkeit zu tun.
- Auch Zurückhaltung kann charmant sein.
- Hinter der Maske des Charmes können Sie frech und provokant sein und werden trotzdem oder gerade deswegen gemocht.
- Charme in Kombination mit Ehrlichkeit ist der Sieger-Cocktail.
- Wenn man Ihnen Charme unterstellt, haben Sie etwas falsch gemacht.

KOMPLIMENTE

*Zieht sie sich einen Scheitel,
dann lobe den Scheitel.*

Ovid

Kommen wir zu einer der Königsdisziplinen beim Flirten: dem Kompliment. Was versteht man eigentlich unter einem Kompliment? Ich glaube, wenn wir diesen Begriff kurz definieren, werden wir in der Lage sein, Komplimente gezielt und wirkungsvoll einzusetzen.

Grenzen wir aus, was ein Kompliment nicht ist, wenn es uns Erfolge bescheren soll: Schmeichelei, Anbiederei, Unterwürfigkeit. Das alles ist kein Kompliment. Ein Kompliment ist vielmehr das Feststellen einer Wahrheit!

Ein Kompliment, ein gutes Kompliment, entfaltet aphrodisische Wirkungen beim Empfänger – besonders dann, wenn ein Mensch sich in seinem Wesen oder seiner Persönlichkeit wirklich erkannt fühlt. Wenn Sie also mit einem Kompliment etwas erreichen wollen, müssen Sie in erster Linie Ihre Empathiefähigkeiten anwenden. Sie müssen Ihr Kompliment nicht nur auf wahren Gegebenheiten fußen lassen, sondern diese Wahrheit zunächst erkennen. Wenn ich einer Frau am Telefon ihre momentane Stimmungslage auf den Kopf zusage oder eine Aushilfskraft in einem Callcenter für ihre gewählte Ausdrucksweise lobe, kommt das immer sehr gut an. Diese Art des Vorgehens zeigt, dass man geneigt ist, jemanden in seinen Besonderheiten nicht nur wahrzunehmen, sondern sie richtig zu deuten. Das wirkt auf niedrigem Niveau erregend, weil die Natur signalisiert: Der weiß dich richtig einzuschätzen, der wird deine Bedürfnisse erkennen. In Steinzeit-Kategorien bedeutete das: Mit diesem Mann/dieser Frau stehen meine Überlebenschancen höher als bei anderen, die unter Umständen gar nicht merken, dass ich Hunger, Durst oder Gefühle habe.

Natürlich werden die Ansprüche je nach Zivilisationsstatus ausgefeilter. Hunger und Durst des Gegenübers zu erkennen reicht dann nicht aus. Man wird schon wissen müssen, welches das beste Restaurant der Stadt ist, um diese Bedürfnisse zu stillen. Aber genau das ist der Hintergrund eines sauber formulierten Kompliments: Es darf keine austauschbare Belanglosigkeit sein.

Machen Sie es sich einmal zur Aufgabe, bei den Menschen in Ihrer Umgebung herauszufinden, worauf sie stolz sind: Kollege Kremer fährt einen wundervollen Oldtimer, Herr Gelber aus der Personalabteilung trägt ausgesucht feine Anzüge, und die Kassiererin bei Aldi hat außergewöhnlich gepflegte Hände – alles Vorlagen für Komplimente.

Je näher wir jemanden kennen, desto treffender und aphrodisischer kann natürlich unser Kompliment sein, weil man nicht nur auf Äußerlichkeiten, sondern auch auf Charaktereigenschaften wie Ehrlichkeit, Mut, Sensibilität, Tiefsinnigkeit oder Leidenschaftlichkeit Bezug nehmen kann: «Die Entscheidung, nicht gegen deine Exfrau zu prozessieren, war wirklich rücksichtsvoll» oder «Ich finde es bewundernswert, wenn jemand den Mut hat, ganz neu anzufangen».

Aber selbst an einer völlig fremden Person an der Bushaltestelle können wir etwas Besonderes entdecken. Vielleicht ist es die geschickt zusammengestellte Kleidung, eine außergewöhnliche Sonnenbrille oder ein «Blick zwischen Früh- und Spätromantik» (Helmut Krausser). Es kann eine besondere Stimme, die Einkaufstüte eines bestimmten Geschäfts und selbst ein übellauniger Blick sein. Die Schuhe, der Gürtel, der Schmuck: alles Anlässe für Komplimente. Entdeckt man bei einer Studentin ein Jura-Lehrbuch oder den Anatomie-Atlas «Sobota», kann man der Jura-Maus sofort unterstellen, einen Sinn für Gerechtigkeit auszustrahlen, und der angehenden Ärztin, eine überaus grazile Figur für den Knochenjob einer Chirurgin zu haben.

Die Inhalte, die man als Motiv für ein Kompliment zur Verfügung hat, machen die eine Seite aus. Die andere ist, dass man die Wirkung des Kompliments noch ungemein steigern kann, indem man einen kleinen Trick anwendet: einen überraschten Tonfall. Spielen wir überzeugend, dass wir über unsere Kompliment-Erkenntnis selbst erstaunt sind, dass uns diese Erkenntnis geradezu überfällt: «Gott, haben Sie lebendige Augen» oder «Gott, ist das ein frisches Parfüm». Das geht selbstverständlich auch, ohne einen Gott zu bemühen, z. B. als Frage: «Sind Sie das mit dieser sinnlich-samtigen Stimme?»

Der Vorteil dieser Vorgehensweise ist außerdem, dass man sich schnell in den Humor, die Ironie retten kann, weil man durch die Überraschtheit auch eine Unverbindlichkeit signalisiert, die den Kompliment-Empfänger zu nichts zwingt. Beenden Sie Ihre Bemerkung also immer mit einem Lächeln.

Beim überraschten Tonfall bleiben wir außerdem immer auf einer Ebene freundlicher Zurückhaltung, weil wir es dem Komplimentierten überlassen, ob er die Bemerkung ernst nehmen möchte oder nicht. Allgemein gilt: Haushalten Sie mit Komplimenten. Verschenken Sie nie zu viele davon. Im ersten Gespräch sollte es bei einem bleiben, sonst stumpft dessen Wirkung sehr schnell ab.

Das Feine an dieser Technik ist, dass sie immer funktioniert: Bei Menschen, die sich seit vierzehn Jahren in einer Ehe befinden, genauso wie bei Menschen, die sich das erste Mal in der Warteschlange vor dem Kino begegnen.

Lassen Sie mich nun weiter ins Detail gehen: Es ist wichtig, dass wir bei unseren Komplimenten die richtigen Adjektive benutzen. Wenn eine Frau zum achtzigsten Mal an einem Abend hört, dass sie schöne Augen habe, wird sie hoffentlich den Mut haben, den nächsten Schöne-Augen-Schleimer mit einem Taxi ans Ende der Welt zu schicken. Nein, wir wollen uns bitte durch unser Kompliment merkwürdig machen, merkwürdig im Wortsinn: würdig, dass man sich uns merkt.

Dazu kann es helfen, Wörter in zwei Gruppen einzuteilen: in «spitze» und «stumpfe». Wörter wie *nett* und *schön* sind stumpfe Worte. Sie sind in ihrer Bedeutung ungenau, austauschbar und meist unzutreffend: «Sind Sie das mit der netten Stimme?» Merken Sie den Unterschied zum Kompliment oben, zur sinnlich-samtigen Stimme?

«Sinnlich» ist eindeutig ein spitzes Wort, weil es genauer beschreibt; in Kombination mit «samtig» hat es noch einen eleganten Touch dazubekommen. «Sinnlich-samtig» klingt deshalb ungewöhnlicher und ist damit bedeutungsintensiver.

Machen Sie sich bitte einmal den Spaß, den letzten Kuss, den

Sie bekamen, mit einem Adjektiv zu beschreiben! War er sanft, erschütternd, warm? Suchen Sie passende Adjektive! Schreiben Sie ruhig zehn oder zwanzig auf, und freuen Sie sich, dass Sie mit jedem gefundenen Wort sensibler für die emotionalen Schattierungen des erlebten Kusses werden.

Und jetzt beschreiben Sie bitte denselben Kuss mit Vergleichen! Etwa «ein Kuss, als würde ich einen Looping fliegen» oder «ein Kuss, bei dem ich plötzlich den blauen Himmel in mir spürte». Merken Sie, wie Sie durch ein kleines Sprachspielchen die Intensität Ihrer Empfindungen steigern? Gebrauchen Sie gerne Bilder wie «ein Kuss, zart wie Möwenspuren am Strand»! Wenn Sie mir jetzt noch die Freude machen und eine Nacht mit einem zusammengesetzten Wort aus «schwarz» und einem anderen Begriff beschreiben («nacht-mild» etc.), kann ich Sie besten Gewissens aus diesem Kapitel entlassen, denn Sie können jetzt großartig komplimentieren und sich auf Ihre nächsten Küsse freuen. Ihre verbalen Fähigkeiten werden Sie *merk-würdig* machen. Eines noch: Diese Wortspielchen können Sie immer und überall trainieren. Im Stau, im Warteraum am Flughafen oder vor dem Einschlafen.

- Ein Kompliment ist das Feststellen einer Wahrheit.
- Sie müssen Empathie einsetzen, um ein wirkungsvolles Kompliment zu formulieren.
- Ein richtiges Kompliment hat eine aphrodisische Wirkung.
- Sie müssen sich merkwürdig machen.
- Sie müssen mit spitzen Worten arbeiten.
- Die richtige Betonung ist wichtig.

UNAUFDRINGLICHKEIT

*Frauen können fast niemals die Männer leiden,
die närrisch genug sind, sich in sie zu verlieben.*

George Bernard Shaw

Das Schlimmste, was uns passieren kann, ist, dass man uns als aufdringlich wahrnimmt. Aufdringlich sein heißt ein Störfaktor sein. Störfaktoren schaffen Aggressionen, und Aggressionen können wir nur gebrauchen, wenn wir sie bewusst provozieren, um sie dann gekonnt zu mäßigen.

Zu viel zu sprechen ist ebenso aufdringlich, wie nach einer Verabredung zu schnell anzurufen. Wir dürfen nie vergessen, dass wir es in der Anfangsphase des Kennenlernens mit einer sehr zerbrechlichen Kontaktaufnahme zu tun haben. Dabei ist Aufdringlichkeit ein Kardinalfehler.

Eine Freundin berichtete mir von einem Kerl, mit dem sie sich traf. Ein junger, hübscher Arzt, der nur den Fehler machte, sich nach dem ersten Abend am Folgetag bereits dreimal zu melden. Dadurch wirkte er natürlich so übersteigert interessiert, dass meine Freundin Verdacht schöpfte, einen Psychopathen aufgetan zu haben. In der Tat war der Herr in Therapie wegen manischen Verhaltens.

Aufdringlichkeit ist ein Zuviel an Worten, ein Zuviel an Nähe oder ein Zuviel an Aufmerksamkeit. Letzteres passiert Anfängern oft, indem sie die Dame zu ernst nehmen. «Ich würde nie eine deiner SMS löschen» sind Sätze, die niemals fallen sollten. Vergötterungen dürfen nur gegenseitig passieren. Das Höchste, was in diesem Zusammenhang erlaubt ist, sind Formulierungen wie «Ich hab bisher keine deiner SMS gelöscht». Und diese

Worte sind eigentlich nur als Reaktion auf das gleiche Geständnis der Dame erlaubt.

Aufdringlichkeit durch Kleidung verbietet sich natürlich ebenso. Aufreißer können in albernen Extrem-Klamotten aufwarten, weil sie eine bestimmte Opfer-Klientel ansprechen, die vielleicht für eine Nacht gut ist. Aber wir wollen bitte ein bisschen mehr. Wir wollen selbst für die kleineren Eskapaden ein wenig Liebe schaffen, und kaum eine Frau, die nur auf extrem gestylte Aufreißer aus ist, besitzt Liebesfähigkeit. Was diese Frauen haben, ist Geltungssucht.

Die sollen sie gerne ausleben, aber nicht mit uns. Wir wollen Frauen schmecken, die sich nicht verschenken, oder?

Aber die Auswahl obliegt natürlich Ihnen, und vielleicht ist es ja auch reizvoll, eine solche Frau die Liebe zu lehren. Machen Sie Ihre Erfahrungen.

Auch ein lautes Auftreten ist aufdringlich. Sie stellen doch hoffentlich während eines Dates Ihr Mobiltelefon aus? Und wenn es doch im Vibrationsmodus ein eingehendes Gespräch signalisiert, sehen Sie nach, wer es ist, und in dringenden Fällen dürfen Sie sogar annehmen, wenn Sie vorher die Erlaubnis des Gegenübers eingeholt haben und dann vor die Tür gehen. Übrigens kann man am Mobiltelefon sehr leise sprechen und wird vom Telefonpartner fehlerfrei und klar vernommen.

Das Schlimmste, was es gibt, sind Leute, die in Restaurants telefonieren. Zu übertreffen nur von denen, die dann auch noch so laut über Tante Ingas neue Tapete reden, dass ich in einer solchen Situation schon mal das Handy des Lauttelefonierers in dessen Colaglas versenkte. Natürlich nicht, ohne zuvor höflich zu fragen, ob ich mal kurz das Telefon haben dürfte. Das aber nicht zur Nachahmung, bitte.

Alles, was die Intimsphäre des anderen unangenehm berührt, ist aufdringlich. Eingriffe in diese Sphäre sollten nur in stillem oder ausdrücklichem Einverständnis geschehen – dann können diese Eingriffe natürlich wunderbar sein. Aber selbst in langjährigen Lieben betritt man doch das Arbeitszimmer des anderen nicht, ohne anzuklopfen, allein damit dieser nicht erschrickt.

In der Tendenz sind wir so lange unaufdringlich, bis wir jemanden zu etwas nötigen wollen. Zugegeben: Tendenziell ist ein Flirt zunächst immer etwas aufdringlich, denn der Beflirtete hat ja nicht um unsere Aufwartung gebeten. Je schneller wir den Eindruck der Aufdringlichkeit abwenden, desto besser sind wir. Wenn wir gerade bei einem Flirt sind und merken, dass das Gegenüber nicht uninteressiert, aber noch nicht hingerissen ist, ist es eine hübsche Taktik, Zeitmangel anzudeuten. Man müsse weiter, habe noch einen blöden Besprechungstermin etc. Aus so einer Situation angedeuteter Hetze lassen sich folgende Vorteile ziehen: Wir haben wenig Gelegenheit, Falsches zu sagen, denn wir sind schon fast weg. Die Situation erhält einen Spannungsfaktor dadurch, dass ihr Ende bevorsteht, das aber keiner der beiden Gesprächspartner schon will. Haben wir vorher etwas Neugier gesät, ein, zwei Lacher erreicht, oder merken wir, dass unser Augenblau ankommt, haben wir fast schon gewonnen. Oft spürt man aber, dass jetzt einfach die Situation gewürzt werden muss, weil einem der Gesprächsstoff ausgeht oder ein Wiedersehen an einem anderen Ort besser wäre.

Unter dem Eindruck des Stimmungsgemisches aus sanfter Hetze, Kennenlernspannung und hektischer Sympathie ergibt sich immer eine gute Vorlage für die Frage nach der Telefonnummer einerseits, und andererseits versetzt man das Gegenüber in die Situation des Bittstellers. Sollte die Zielperson das Gespräch am Laufen halten, ist *sie* plötzlich der Aggressor, denn *wir* wollen ja gehen. Hält ein solches Gespräch seine Spannung, ist das ein Wellenlängen-Glücksfall, und wir werden uns nach zwanzig Minuten nur noch kurz für ein Telefongespräch entschuldigen und den vorgeblichen Termin absagen. Diese Variante kann allerdings belastend werden, denn die Dame, die wir ja ansprachen, sieht sich eventuell dem Druck ausgesetzt, so unterhaltsam zu sein, dass der abgesagte Termin aufgewogen wird. Das kann unentspannt enden. Besser ist es in einem solchen Fall oft, in der Tat zu gehen, und zwar mit ihrer Telefonnummer. Bleiben ist nur sinnvoll, wenn sich das Gespräch innig und entspannt gestaltet.

Um es abschließend zu sagen: Ich glaube nicht, dass sich einer meiner Leser nach dem Verinnerlichen der Kapitel «Selbstironie», «Höflichkeit» und «Charme» der Aufdringlichkeit in grobem Maße schuldig machen wird, und dafür danke ich.

- Unaufdringlichkeit macht Sie interessant.
- Anfangs müssen Sie mit Gefühls- und Begeisterungsbekundungen zurückhaltend sein.
- Stellen Sie Ihre Wünsche ein wenig zurück.
- Unaufdringlichkeit ist Respekt.
- Vergötterungen nur gegenseitig!

LÜGEN

Im Allgemeinen bildet man Geist und Charakter einer jungen Frau, indem man ihr Lügen erzählt.

George Bernard Shaw

«Das Restaurant, in dem wir gerade sitzen, gehört mir.» – «Nein, der Ringabdruck an meinem Finger ist nicht von einem Ehering.» – «Ich hab vor dir noch keine Frau geküsst.»

Wenn obige Bemerkungen der Tatsachengrundlage entbehren, sind es harte Lügen. Sie sind verboten, fies und führen nicht zum Ziel. Sanfte Lügen sind hingegen unerlässlich und komplett verzeihbar.

Eines der dümmsten Hollywoodklischees ist dies: Zwischen einem Mann und einer Frau entspinnt sich eine Liebelei, die immer ernsthafter wird. Kurz vor der bevorstehenden Hochzeit erfährt die Frau, dass ihr Bräutigam gar nicht beim Pizzabringdienst gearbeitet hat, als sie ihn kennenlernte, sondern er sich nur als solcher ausgab. Sie ist enttäuscht, wie er bloß so lügen konnte, und sagt die Hochzeit ab – oder so ähnlich.

Das ist bis ins Mark lebensfremd, denn die Vorgabe, Pizzalieferant zu sein, ist eine ERLAUBTE, sanfte Lüge. Lügen, die nur dazu dienen, das Flirtopfer überhaupt kontaktieren zu dürfen, sind solche sanften Lügen (siehe auch das Kapitel «Die Flucht in die Rolle»). Wenn ich für meine Radiosendung am Telefon flirte, muss ich jedes Mal mit einer sanften Lüge starten, denn ich hab ja keinen ernsthaften Anlass, gerade diese oder jene Dame anzurufen. Noch keine der Damen, die ich dann traf, nahm mir diese Form der Lüge übel.

Sanftes Lügen ist natürlich nicht nur am Telefon angebracht.

Je origineller die Lüge ist, desto wirkungsvoller kommt sie an, und desto leichter wird sie verziehen.

Aber wie lügt man überzeugend? Dies ist ein ungeheuer schwieriges Unterfangen. Die besten Geheimagenten werden jahrelang trainiert, so zu lügen, dass es niemand merkt. Ich muss gestehen, dass auch ich mir einige Taktiken hierzu angeeignet habe.

Über das Ethos des Lügens will ich hier nicht diskutieren. Nur so viel: Es gibt Momente, in denen eine Lüge hilft, größeres Leid abzuwenden oder seelische Verletzungen zu mindern. Warum muss ich der Dame, die ich gerade verlasse, denn sagen, dass es schon eine andere gibt? Selbst, wenn sie nachfragt, würde ich rücksichtsvoll lügen: «Nein, da ist niemand anders.» Und genau in diesen Momenten muss das Lügen sauber und glaubwürdig sein. Ein paar einfache Grundbeobachtungen sollen dabei helfen.

Viele Menschen suchen beim Lügen einen intensiven Blickkontakt mit dem Gegenüber und halten diesen Blickkontakt übernatürlich lange aufrecht. Damit wollen sie suggerieren, nichts verbergen zu müssen. Das ist natürlich der falsche Weg, denn gerade dieser ostentative Versuch, Aufrichtigkeit zu vermitteln, ist verdächtig.

Also versuchen Sie einfach einmal darauf zu achten, wie Sie Ihre Blicke während eines Gesprächs schweifen lassen – oder beobachten Sie andere dabei. Sie werden merken, dass die Blickdauer, die Zeit also, in der ein direkter Augenkontakt bestehen bleibt, während eines Dialogs selten länger als acht Sekunden dauert. Daran sollten Sie sich auch beim Lügen unbedingt halten.

Dann sollte man jede Geste, die Nervosität verraten könnte, unterdrücken. Nicht zappeln, nicht übermäßig mit dem Fuß wippen und, um noch einmal auf die Blicke zurückzukommen, auch keinesfalls dem Blick des anderen ausweichen.

Ein weiterer häufiger Fehler ist es, das Erzählte mit zu vielen inhaltlichen Details aufzubereiten: «Um drei Uhr sechsundzwanzig war ich mit Günther Herbersheimer an der Rheinallee 25» – das klingt unnatürlich, aber genau diesen Fehler macht man als Lügen-Amateur oft – meist natürlich etwas dezenter. Also: Reden Sie bitte genauso inhaltlich vage, wie Sie es immer tun. Die Farbe und das exakte Baujahr des Autos in Ihrem Alibi sind irrelevant, und Sie würden sie niemals nennen, wenn Sie die Wahrheit sagten.

Einen wahren Sachverhalt würde man seiner Freundin gegenüber so wiedergeben: «Gestern um drei? Da war ich mit Thomas in seinem Wagen unterwegs ... wir wollten doch noch zum Anwalt.» Als ungeübter Lügner würde man vielleicht – etwas übertrieben – wie folgt formulieren (und sich verraten): «Gestern um drei fuhr ich mit Thomas Dietz in seinem blauen 5er-BMW zu Herrn Dr. Glaubert, dem Anwalt.»

Beim individuellen Lügen ist ein hohes Maß an Eigenbeobachtung sinnvoll. Hören Sie sich doch einfach einmal selbst ein bisschen zu. Dann wissen Sie, wie Sie klingen, wenn Sie die Wahrheit sagen, und genauso sollte es sich anhören, wenn sich eine Lügerei einmal nicht vermeiden lässt.

Generell gilt: Heucheln Sie kein Interesse, entwickeln Sie welches!

- Sanfte Lügen sind erlaubt.
- Lügen sind trotzdem immer nur eine Notlösung.
- Halten Sie Blickkontakt nicht unnatürlich lange aufrecht.
- Vermeiden Sie nervöse Gesten.
- Werden Sie beim Lügen nicht zu detailreich.

SEX

Sex ohne Liebe ist eine leere Erfahrung.
Aber von allen leeren Erfahrungen ist es die beste.

Woody Allen

Machen wir uns nichts vor: Sobald ein Mann an einer Frau Interesse entwickelt, stellt er sie sich nackt oder in Dessous vor. Wir Kerle wollen den Körper einer attraktiven Frau selbst dann, wenn sie uns darüber hinaus völlig kaltlässt.

Halten Sie mich für altmodisch, aber mich persönlich interessiert Sex mit Frauen wenig, die ich nicht zumindest auf der Stufe 4 liebe (siehe Kapitel «Liebe»). Denn: Was zeichnet guten Sex aus? Dass beide Sexpartner das Gleiche wollen – auch wenn es natürlich vorkommen kann, dass manche erst etwas zu ihrem Glück gezwungen werden müssen.

Mit einer sehr hübschen Dame erlebte ich eine niedliche Irritation. Ihr wunderrunder Po verführte mich dazu, diesen mit einem merklichen Klaps zu bedenken. Die Dame war daraufhin jedoch so verstört, dass sie völlig entgeistert fragte, was das solle. «Das hast du verdient, weil du vorhin das Sektglas umgeworfen hast, du süßes Mistvieh», lachte ich sie an. Bereits wenige Momente später begriff sie den Reiz dieses Spielchens, und von da an rief sie mich bei jeder Frechheit, die sie beging, sofort an, beichtete und fragte: «Bestrafst du mich nachher wieder ein bisschen?»

In der Regel sind die ersten gemeinsamen Male ein Experimentierfeld, auf dem es gilt, die sexuellen Vorlieben auszutesten. Im Idealfall sollte man sich endlos Zeit dafür nehmen. Im Idealfall sollte man sich lieben, auch wenn ich weiß, dass sich Sex mit

Liebe und ohne Zeitlimit leider nicht immer realisieren lässt. So oder so: Wenn man beim Sex noch denkt, macht man bereits einen Fehler. Und: Beim sexuellen Experimentieren ist nicht weniger als in anderen Flirtsituationen – und ganz bewusst beziehe ich Sex ins Feld der Flirtsituationen ein – Empathie gefragt. Dabei gilt: Reden Sie und fassen Sie an! Wenn man während der ersten zarten Momente beschreibt, was man gerade tut und, besser noch, warum, verdoppelt man die Schönheit des Moments. Streiche ich einer Dame mit zwei Fingern das erste Mal über die Wange, genieße ich selbst so sehr, was ich erlebe, dass ich es mit der Frau teilen möchte. Es ist ein wertvoller Augenblick, wenn eine Frau es zulässt, dass man sie zärtlich und intim berührt. Warum also das Wertvolle nicht steigern, indem man es ganz bewusst wahrnimmt und beschreibt?

«Als du mich das erste Mal bemerkt hast, wollte ich wissen, wie sich deine Wangen anfühlen. Das war vor zwei Wochen, und jetzt ist der Moment, in dem ich endlich deine Wärme spüre.» (Dabei sehen wir tief in ihre Augen und dann auf unsere Finger in ihrem schönen Gesicht.) Der folgende Kuss kann auch kommentiert werden. «Du schmeckst, wie du schmecken solltest, nach dir und nach Nacht und nach Sommer.» (Bitte jeweilige Jahreszeit einsetzen, um einen aktuellen Zeitbezug zu schaffen, der den Moment erinnerbar macht.) Selbst lange Zeit später wird sie fragen: «Weißt du noch, als du mir gesagt hast, ich schmecke nach Sommer?»

Natürlich sollen Sie hier keine Texte auswendig lernen. Jeder hat seine eigene Ausdrucksweise. Stellen Sie sich einfach den Umständen, genießen Sie sie hingebungsvoll, aber bewusst. Dann formulieren Sie Ihre Gedanken (wenn Sie noch welche haben, sich also die Nicht-mehr-denken-Ekstase-Phase noch nicht eingestellt hat), leise, sanft und ehrlich, wenn Sie ehrlich sein wollen. Ich spreche hier nicht über einen besoffenen Disco-

Kuss; Sie küssen jemanden, den Sie etwas ernsthafter begehren, mit dem Sie vermutlich gleich schlafen werden. Noch stehen Sie vor ihrer Haustür. Gleich wird sie Sie hochbitten. Hoffentlich nicht mit der Kaffeetrinken-Floskel, aber sie wird es tun.

Nebenbei: Wissen Sie, wie Cary Grant Eva Marie Saint in «Der unsichtbare Dritte» küsst? Er umfasst ihren Unterkiefer, Hals und Hinterkopf. Dieser Griff ist animalisch, elegant, intim und höflich dominant. Wenn Sie es probieren möchten – ich selbst habe nach diesem Griff in Verbindung mit einem Kuss immer erfolgreiche Nächte verbringen dürfen.

Sie hat Sie also heraufgebeten. Sie wird ein Getränk vor Ihnen platzieren und sich neben Sie aufs Sofa setzen. Manche Frauen fallen manchmal auch gleich auf ihr Bett, egal. Während der weiteren Küsse streifen Sie die Göttin dort und da, und wenn kein Widerstand erfolgt, ziehen Sie sie aus. Lässt die Situation es zu, verbalisieren Sie ruhig, leise und mit sanfter Stimme, was Sie tun, wie Sie angesichts der Schönheit und der Düfte reagieren.

«Dein Herzschlag sagt genauso viel wie deine Augen», «Mein Herzschlag sagt dir gerade das Gleiche wie meine Augen» – egal, was Sie sagen, es muss in diesem Moment auch so empfunden werden und zu Ihrer sonstigen Wortwahl passen, sonst halten Sie lieber die Klappe. Worte sind in solchen Situationen ein Hilfsmittel, Unsicherheiten zu überwinden. Ich höre oft von Damen, denen ich sehr nahegekommen bin: «Ich hab noch nie so viel dabei geredet, aber das hat es irgendwie noch schöner gemacht», denn durch mein Reden habe ich auch sie zum Reden und Reflektieren gebracht und damit das Vergnügen gedoppelt. Der Sex wird zum Erlebnis, man vertraut sich schneller und wagt es auch, kleine Wünsche zu äußern.

Vergessen Sie nicht, wir sind hier in der Erste-Nacht-Situation. Sie werden später mit derselben Dame wunderbare wortlose Momente haben. Aber nur, weil Sie vorher durch Dialogsex die Basis für spätere Hemmungs- und Ruchlosigkeiten gelegt haben. Ich garantiere, dass Sie mit frühem Dialogsex zu einer späteren Komplett-Hingabe kommen, wie Sie sie nie zuvor erlebt haben.

Ich gehe jetzt noch ein klein bisschen mehr ins Fleischliche: Bitte sehen Sie Sex auch im nonverbalen Bereich als Dialog an. Seien Sie sanft, bis man Ihnen anderes bedeutet. Wagen Sie Heftiges mit Selbstbewusstsein und immer erst nach einer zarteren Testvariante.

Mit Ihren Händen erreichen Sie immer eine Reaktion. Nähern Sie sich Körperregionen, deren Berührung die Dame nicht bevorzugt, werden Sie es merken. Bereiten Sie Ihre Vorhaben mit äußerster Sanftheit vor, so können Sie später umso weiter gehen. Sollte es Ihnen gelingen, Leidenschaft, echte Leidenschaft bei der Dame zu entfalten, dürfen Sie später ohnehin alles. Je inniger es wird, desto mehr tendiere ich oft zu kleinen Dominanzspielchen. Ich öffne etwa gerne den Mund der Dame, wenn ich meinen gerade anderswo habe, und stecke ihr ein oder mehrere Finger hinein, rufe dadurch Saugen oder andere Nettigkeiten hervor und entfache das süße Machtspiel, das Sex nun einmal sein muss. Überdies sind die von ihr benetzten Finger dann für alles andere schlüpfriger ...

Ein besonders sinnlicher Trick, der ein herrliches Kompliment ist: Bitten Sie die Göttin, sich ihre Finger dort oder dort an sich selbst zu benetzen und sie Ihnen dann in den Mund zu stecken. Das wird sie vermutlich überraschen, aber auch freuen, denn Sie vermitteln ihr damit, dass sie wohlschmeckend ist. Außerdem sorgen Sie dafür, dass sie sich ihres Körpers und ihrer Weiblichkeit selbst stärker bewusst wird.

Ganz gleich, wie lange die Beziehung währt, auch im Bett gelten Regeln der Höflichkeit. Bei aller lustvollen Selbstvergessenheit werden wir immer bemerken, wann etwas zu viel, zu stark, zu schwach oder zu blöd ist. Sex ist eine Angelegenheit zwischen (meist) zwei Menschen, und er ist nur so lange eine wundervolle Erfahrung, wie beide daran gewinnen. Wobei natürlich der Spaß auch im Schmerz liegen darf: Da gab es einmal diese extrem harmlos wirkende Personalsachbearbeiterin, die dann an einer von mir gar nicht erwarteten Körperstelle gepierct war und mein Erstaunen folgendermaßen kommentierte: «Es ist doch erst richtig schön, wenn's ein bisschen wehtut.»

Noch ein paar Worte zu den Machtverhältnissen im Bett, bevor wir hier wieder das Licht einschalten und die Kerzen löschen. Ein Positionswechsel geschieht bei den ersten Zusammentreffen oft etwas verkrampft, weil es unhöflich sein könnte, vom anderen zu verlangen, sich aus einer bequemen Lage zu lösen. In der Regel sollte der Mann dann mit der Hand am Körper der Frau die Richtung vorgeben. Die Frau wird die Geste verstehen und sich wenden. Je vertrauter die Angelegenheit wird, desto offener werden natürlich die Positionen variiert.

All die individuellen Eigenarten und Vorlieben zu erkennen, kostet sicher eine Menge Vorarbeit, aber sexuelle Rollen auszuleben kann sehr prickelnd sein. Vergessen wir nie, dass sich der eigentliche Sex im Kopf abspielt.

- Experimentieren Sie! Aber sehr sanft und aufmerksam.
- Haben Sie ruhig den Mut,
Ihre Empfindungen genusssteigernd zu verbalisieren:
von der ersten Berührung bis zu Weiterem.
- Testen Sie gewisse Praktiken zunächst in
einer Soft-Version an.

- Dirigieren Sie das Geschehen zart mit der Hand.
- Der Unterkiefer-Cary-Grant-Griff ist ein elegantes Zeichen von spielerischer Dominanz.
- Auch im Bett gelten Höflichkeitsregeln.

ABSCHIEDE

Jedes Mal, wenn wir «Auf Wiedersehen» sagen, sterbe ich ein bisschen.

Cole Porter

Es wird immer wieder passieren, dass eine Verabredung endet, ohne dass die Gefühlslage eindeutig geklärt ist. Trotz eines unterhaltsamen Abends kam es vielleicht noch nicht zum notwendigen Klick, der zu von uns erwünschten Zielen führte. Dann müssen wir, sofern wir noch Interesse haben, natürlich die Chancen darauf beim nächsten Date steigern. Ein Weg ist ein geglückter Abschied.

Abschieden kommt ein hoher Stellenwert zu, besonders nach dem ersten Date. Das Lächeln, das Nicht-Lächeln, ein «Tschüs» oder ein «Ich rufe dich an» – alles bedeutungsschwere Aussagen.

Als ich mich von einer wunderbaren Dame verabschiedete, weil sie für ein halbes Jahr nach Frankreich musste – unsere Beziehung war eher eine Liebelei als eine Partnerschaft –, holte ich nur meine paar Sachen, die noch bei ihr waren, vermied Küsse oder Abschiedszartheiten und warf ihr nur von der Tür noch einen Kuss zu. Das Ganze dauerte vier Minuten. Zwei Stunden später erhielt ich folgende SMS: «Danke für den souveränen Abschied – macht's leichter. Kuss, Deine M.»

Als sie zurückkam, ging es mit uns eine herrliche Zeit weiter, und noch bis heute sehen wir uns regelmäßig. Zurückhaltung kann also eine sehr kraftvolle Angelegenheit sein. Hätte ich einen Herz-Schmerz-Abschied mit Zum-Flughafen-Bringen hingelegt, hätte die Dame in Frankreich wohl mit mir abgeschlossen, sich neu verliebt oder sonst etwas Dummes getan. So aber klang mein Abschied noch lange in ihr nach. Sie empfand es als imposant, dass ich ihre Freiheit respektierte und ihr keine Fesseln anlegte – ich wusste, dass unsere zarte Liebe nur so bestehen konnte.

Abschiede können kleine Tode sein, aber sie sind auch das Plateau, von dem aus vieles möglich ist. Ein Abschied ist für eine gewisse Zeit ein letzter, gültiger Eindruck. Je kürzer eine Beziehung, desto wichtiger ist er, und desto tiefer ist seine Wirkung.

Generell ist weniger auch hier mehr. Je weniger plakativ wir vorgehen, desto weniger können wir falsch machen. Idealerweise steigern wir so das Interesse des Gegenübers an uns, erschaffen Neugier, sanftes Verlangen und insgesamt ein wohliges Gefühl. Wir können einen Trailer kommender Attraktionen bringen und gleichzeitig durch einen persönlichen Gag das gerade stattgefundene Treffen zusammenfassen. Waren wir etwa mit jemandem im Kino und haben einen alten Bond-Film gesehen, könnten wir sagen: «Jedes Mal, wenn ich jetzt in meinen Aston Martin steige, werde ich wohl an dich denken müssen.» Natürlich haben wir kein ganz so feines Auto, aber wir zeigen mit dieser Bemerkung Selbstironie einerseits und unterstreichen andererseits, dass wir unseren Flirtpartner nicht vergessen werden.

Waren wir tanzen und sie oder er war großartig auf der Tanzfläche, wäre vielleicht ein «Nächstes Mal gehen wir aber irgendwohin, wo *du* blöd aussiehst. Kannst du pokern/Tennis/ringen?» angebracht.

Nach einem Abend mit göttlichem, edlem und teurem Essen habe ich schon mit «Nächstes Mal gehen wir aber mal richtig gut essen; kennst du das Big-Mac-Menü?» einen verheißungsvollen Lacher geerntet.

Abschiede im Dunkeln und in Stille sind vorteilhaft, weil sie einer Intimität Vorschub leisten, die man an einer Bushaltestelle um 12 Uhr mittags schwer erreichen kann. Leises Sprechen, die milden Gesichtszüge im Nachtlicht können uns mutig machen. Vielleicht kommt es zu einem Abschiedskuss. Wange oder schon Mund?

In dieser Stimmung ist, solange keine eindeutigen Signale vom Gegenüber kommen, natürlich Zurückhaltung angezeigt.

Sie soll uns zeigen, dass sie uns will. Wir dürfen uns nicht aufdrängen – keinesfalls. Ein überlegener Rückzug im frühen oder ersten Date-Status ist immer ein Gewinn. Wir sind nicht in einer Disco-Aufreißsituation mit einer gleichgültig Willigen – das Terrain überlassen wir Neil Strauss –, wir sind in der richtigen Welt. Wenn der Abend vielversprechend verlief, könnten wir (siehe oben) mit einem Finger über ihre Wange fahren. Wenn wir uns danach umdrehen und gehen (natürlich sind Telefonnummern ausgetauscht), ohne uns umzudrehen, fahren wir die Nummer des Unangreifbaren.

Wir haben signalisiert, dass wir Berührungen wollen, also zu mehr bereit sind. Das ist ein Kompliment. Und gleichzeitig haben wir bewiesen, dass wir das weder einfordern noch unbedingt nötig haben. Wir verwandeln uns durch minimale Gesten in das Objekt der Begierde des Gegenübers.

Ein Abschied nach dem ersten Kontakt, also bevor noch ein

Date stattgefunden hat, kann ganz ähnlich ablaufen. Natürlich erlauben wir uns keinen körperlichen Kontakt mit der Buchhändlerin, die wir erst seit zehn Minuten kennen. Da wir uns ja aber wahrscheinlich gerade über ein Buch unterhalten haben, können wir für einen etwaigen nächsten Kontakt ein Ziel in Aussicht stellen. «Ja, ich lese ‹Fegefeuer der Eitelkeiten› noch einmal mit Ihrer Perspektive.»

Auch hier gilt: gehen und sich nach Möglichkeit ein Umdrehen verkneifen. Wenn wir uns umdrehen und die Verkäuferin uns nicht nachsieht, könnten wir ein paar Punkte verlieren. Sollten wir dem Umdrehen nicht widerstehen können und erheischen noch einmal ihr Lächeln, weil sie uns nachsieht, wissen wir allerdings, dass wir sehr gute Karten haben.

Sollte sie uns nachsehen, ohne dass wir uns umsehen, haben wir ebenfalls gewonnen, nur wissen wir es nicht. Das macht aber weniger, als sich umgedreht zu haben und erkennen zu müssen, dass sie uns nicht nachsieht. Ich will einfach vermeiden, dass wir für das künftige Date mit ihr demotiviert werden.

Die Abschiedsworte müssen immer etwas Angenehmes in Aussicht stellen («Ich lese das Buch», «Ich hole Sie ab», «Sie dürfen mir etwas vorlesen», «Es gibt keinen besseren Italiener»). Und verschenken Sie ein Lächeln. Aber haushalten Sie damit! Dauergrinsen wirkt debil. Ein sicheres, kokettes, vielleicht etwas geheimnisvolles Lächeln ist immer ein guter Weg.

Ein feiner, kleiner Winkelzug kann auch dieses Vorgehen sein: Wenn der Zeitpunkt, um mit hinaufzugehen, noch nicht erreicht ist, bringen wir sie selbstverständlich zur Haustür. Nach dem Abschiedswangen- oder angedeuteten Mundkuss lassen wir sie gehen, rufen sie dann kurz zurück, geben ihr denselben Kuss (Wange oder Mund) wortlos noch einmal und gehen dann nach einem den Umständen angepassten kurzen oder längeren Blick ebenso wortlos.

Wenn wir das sauber über die Bühne bringen (als Mann oder Frau), hinterlassen wir den Eindruck, dass wir sie/ihn
a) begehren,
b) sanft dominieren (das gefällt am Anfang immer, gleich ob von Mann oder Frau)
c) und ihn/sie nicht drängen, denn wir gehen sofort (es sei denn, man bittet uns nun doch nach oben).

Begehren, Dominanz und höfliche Zurückhaltung in *einer* kleinen Geste! Ich liebe dieses Spiel. Und so kann man es gewinnen.

Wir müssen unsere Abschiede immer schon wie die Begrüßung bei der nächsten oder ersten Verabredung behandeln. Sie sind Teil unserer Visitenkarte, und sie sind der letzte Eindruck, den jemand von uns hat. Drehen Sie sich nicht um!

- Die kleinen Gesten sind der Gewinn beim Abschied.
- Stellen Sie künftige Annehmlichkeiten in Aussicht.
- Der Doppelkuss: nach dem Abschiedskuss und Weggehen dominant einen zweiten einfordern.
- Haushalten Sie mit Ihrem Lächeln!
- Drehen Sie sich nie unaufgefordert um.

HOFFNUNGSLOSE FÄLLE

Geschmack besteht aus tausend Abneigungen.

François Truffaut

Es wird immer mal wieder passieren, dass wir Menschen gegenüberstehen, mit denen wir einfach überhaupt nicht warm werden. Nachdem wir es mit Höflichkeit, Charme, Humor und Empathie versucht haben und immer noch auf Granit beißen, sollten wir so reagieren, wie es uns nach dem bisher Verinnerlichten vernünftig erscheint: Wir vergeuden uns nicht. Wer nicht mit uns klarkommen möchte, hat es auch nicht verdient, mit uns klarzukommen. Wenn wir den Mut und das Selbstbewusstsein haben, aufzugeben, erspart uns das, Energie zu verschwenden, die andere Menschen eher verdient haben. Vergessen wir nicht, dass *wir* etwas zu geben haben – selbst wenn wir etwas erreichen wollen.

Das alles gilt ganz besonders für die Fälle, in denen wir es so sehr auf eine bestimmte Zielperson abgesehen haben, dass wir all die anderen übersehen. Machen wir uns eines klar: Unsere Flirtpartner sind ganz schmerzlos austauschbar. Zumindest so lange, bis es zu einer gewissen Bindung gekommen ist. Unser Flirtpartner wird für uns erst dann wirklich wertvoll, wenn wir mit ihm begonnen haben, an einer gemeinsamen Welt, dem gemeinsamen Universum zu bauen. Erst durch den Austausch und das Entdecken oder Kreieren von Gemeinsamkeiten schaffen wir uns den Traumpartner. Vorher kann es keinen Gedanken wie «Die oder keine» geben, denn es wäre pure Projektion. «Die oder keine» wird eine Dame erst werden, wenn sie sich das verdient hat.

Was tun wir also, wenn wir merken, dass nichts geht? Wir legen einen überlegenen Abschied hin, bleiben höflich und stellen den Kampf ein.

Stellen Sie sich vor, Sie haben einen vielseitigen Abend mit Konzert, Backstage-Aufenthalt, Essen und Aussichtsplattform organisiert, und Ihr Date gibt sich gelangweilt, provokant und abweisend. Setzen Sie ihn oder sie in ein Verkehrsmittel Ihrer Wahl und sagen Sie etwas Freches, wenn Sie sich dann besser fühlen: «Eine Lebensmittelvergiftung ist fast so unterhaltsam wie du.» Oder: «Wenn du aus der Narkose erwachst – ruf nicht an.»

Aber unter uns: Stilvoller ist ein ruhiger Abgang ohne Rache. Ein schlichtes «Gute Nacht» in sehr ernstem Tonfall (einfach einmal die Variationsbreite der Ausdrucksmöglichkeiten von arrogant bis eiskalt durchprobieren, bitte!) und ein rasches Weggehen zeigen am meisten Größe.

- Sie dürfen ruhig aufgeben, wenn einmal gar nichts geht.
- Sie dürfen sich nie auf eine bestimmte Person versteifen.
- Bleiben Sie höflich und zeigen Sie keine Wut.

SPEZIELLES

SMS

Das geschriebene Wort hat auf ein junges Mädchen die stärkste Wirkung.

Søren Kierkegaard

Dass ich mich hier speziell dem SMS-Schreiben widme, liegt daran, dass SMS-Flirten eine wahre, wunderbare Kunst ist, da einem nur eine begrenzte Anzahl von Zeichen zur Verfügung steht: Wir müssen uns also exakt und direkt ausdrücken. Ein weiterer Grund ist natürlich, dass ein Flirt ohne SMS heute kaum mehr vorstellbar ist.

Via SMS kann man Herzen erobern, wie es bisher noch nie möglich war. Ein fabelhafter Vorzug der SMS-Technik ist – was wohl kaum jemand direkt bemerkt, aber extrem wichtig ist – die Höflichkeit des Verfahrens: Man ruft nicht an, man erwartet keine sofortige Reaktion, man bedrängt also generell wenig.

Lassen Sie mich Ihnen erst ein paar Grundregeln bewusstmachen, bevor wir uns der Wortwahl widmen. Der Aufdringlichkeitsfaktor beim SMS-Flirt ist wie gesagt generell gering. Die einzige Gefahr liegt hier in der Frequenz: Zehn SMS in einer Viertelstunde zu schicken ist nicht das Mittel der Wahl.

Grundsätzlich gilt: immer nur antworten. Auf *eine* SMS folgt *eine* SMS des Kontaktpartners. Selbst der Umfang sollte weitgehend gleich sein. Auf eine lange SMS kann man mit einer langen reagieren, auf eine Ein-Wort-Nachricht eben einwortig: «Treffen?» – «Wann?» – «22 h bei mir» – «Gut» – «Kuss» – «Ja!»

In einem Stadtmagazin erschien einmal folgende Kontaktanzeige: «Akademikerin, 29, blond, will Kultur, Lust und Wetter teilen, bitte nur SMS: 0172…»

Was hätten Sie geantwortet? Ich darf sagen, dass ich dies schrieb: «Wo bist Du? Ich hol Dich ab! Phillip»

Nach zwei wunderbaren, sinnlichen Abenden wurden wir Freunde.

Eine weitere Grundregel: Per SMS muss man extrem sensibel und mit sanfterem Humor als sonst arbeiten, da man davon ausgehen kann, dass die Nachricht nicht nur einmal gelesen wird. Sie wird interpretiert, womöglich Freunden gezeigt werden. Diese Freunde werden reagieren, ihren Kommentar dazu geben – und diesen Urteilen müssen wir gewachsen sein. Wir schreiben für ein Publikum, wir werden sozusagen öffentlich.

Seien Sie sich darüber im Klaren, dass Worte bedeutsamer werden, wenn sie schriftlich vorliegen. Deshalb komme ich gleich zur nächsten Grundregel: Das gewinnende Moment liegt darin, sich auf gemeinsam Erlebtes zu beziehen, etwas Persönliches zu schreiben.

Ganz gleich, wie Sie sich kennengelernt haben, es gibt immer etwas, auf das Sie Bezug nehmen können: Hat es bei Ihrem Date geregnet, spielen Sie doch einfach darauf an. Reden Sie die Dame etwa als «Königin des Platzregens» oder «durchnässte Prinzessin» an. Gerne auch viel dezenter (Sie müssen einschätzen, wie weit Sie gehen können, denn nur Sie hatten die Gelegenheit, Ihr Flirtopfer persönlich kennenzulernen), etwa: «Regnerische Fremde». Der wunderbare Gewinn einer solchen persönlichen Anrede ist, dass Sie sich damit sofort von der Masse abheben.

Was sich wirklich lohnt, auch wenn es einige Recherche oder einiges Nachdenken erfordert, ist, jedes Mal mit einer neuen Anrede aufzuwarten. Je vertrauter man miteinander wird, desto gewagter kann man dabei vorgehen. Es gab einst eine Dame, der ich folgende Frechheit zumuten konnte: «Holdtittiges Nachtgeschöpf», weil sie in der Tat eine wunderbare Figur hatte und wir bis in den Morgen hinein aktiv waren.

Man muss sich natürlich nicht nur an äußeren Umständen orientieren. Man kann die Kleidung, das Essen, Gesprächsthemen und, und, und erinnern. Nach einem Abend in der Spielbank mit einer Dame, die etwas Geld gewann, kann ich sie zum Beispiel am nächsten Morgen ironisch anpumpen: «Richtest du mir ein Apartment ein und kaufst mir einen Sportwagen?» War ich mit ihr im Kino und wir sahen «Frühstück bei Tiffany», rede ich sie am nächsten Morgen via SMS mit «Holly» an.

Ganz gleich, wie Sie es im Einzelfall halten, auf diese Art und Weise gründen Sie mit der Dame ein eigenes Universum mit einem Humor, der nur Ihnen beiden gehört, weil nur Sie beide genau die Momente miteinander geteilt haben, auf die Sie sich nun beziehen.

In einer frühen Kennenlernphase sind es meist der Humor und die wunderbare Leichtigkeit der Angelegenheit, die den Reiz des Ganzen ausmachen. Niemand hat wirklich etwas zu verlieren, da man noch wenig an Emotionen und Zeit investiert haben dürfte.

Deshalb sollte, und das ist eine weitere Grundregel, auch der Tonfall der Nachrichten entsprechend sein: unaufdringlich, voller Verheißungen und voll mit dem, was man *Charme* nennt. Wie schwer dieses Unikum zu definieren ist, haben wir schon festgestellt. Es anzuwenden ist einfacher. Charme besteht in

SMS-Worten aus Selbstironie, freundlicher Frechheit und dem Erkunden und Ausbauen des gemeinsamen Universums.

Eine weitere Grundregel: Die Worte müssen exakt sein. Vermeiden Sie Platituden. Wer eine SMS mit dem fatalen «LG» (Liebe Grüße) beendet, ist sofort auf der Verliererseite. Die Schlussworte sollten wenn nicht originell, so doch zumindest ausgeschrieben sein. Unterschreiben Sie mit einem Namen. Es muss nicht Ihr Rufname sein: Waren Sie am Abend zuvor beim Tanzen ein Versager, nennen Sie sich selbstironisch «Salsa-King», haben Sie in der Spielbank verloren, sind Sie der «Zockerkönig» oder das «Roulette-Genie». Wunderbar funktioniert auch, seine momentane Verfassung mit einem Wort zu umschreiben und danach einfach einen Doppelpunkt zu setzen: «vorfreudig: Markus» oder «angetan: Carina».

Wie bei einem gewöhnlichen Gespräch ist natürlich auch im SMS-Verkehr ein langsames Herantasten an einen anderen Menschen gefragt.

- Mit SMS werden Sie «öffentlich».
- Wählen Sie eine persönliche Anrede.
- SMS-Regeln beachten! (1:1, gleicher Umfang etc.)
- Exaktes Formulieren kann sehr bedeutsam sein; nehmen Sie sich Zeit dafür.

BRIEFE UND MAILS

*Es gibt Literatur, die es darauf anlegt,
zwei oder drei Menschen zu erreichen.*

Helmut Krausser

Wesentlich aufwendiger als SMS ist natürlich eine Korrespondenz via Brief oder E-Mail, weil sie eine komplett andere Dramaturgie erfordert. Es ist der schiere Umfang, der es uns ermöglicht, Themen ausführlicher anzugehen und somit eine tiefgreifende Bindung zu schaffen.

Natürlich haben wir auch bei Briefen oder Mails das Problem der Anrede. Seltsamerweise scheinen bei Briefen seriösere Anreden angebracht. So klassisch das Format ist, so klassisch darf deshalb auch die Anrede sein: Ein schlichtes «Liebste» oder «Liebe Claudia» scheint hier wirkungsvoller als die flapsigen SMS-Geschichten. Man kann auch wunderbar eine Art Überschrift wählen, eine Frage in den Raum stellen und dann erst anreden. Experimentieren Sie bitte!

*Out of my dreams and into your arms, I long to fly.
I will come as evening comes to woo awaiting sky.
Out of my dreams and into the hush of falling shadows.
When the mist is low and stars are breaking through.
Then out of my dreams I go, into a dream with you.*

Richard Rodgers, «Oklahoma»

Dies ist eines der Zitate, mit denen ich schon einmal den Brief eines Klienten beginnen ließ, der den Komponisten Rodgers und Hammerstein-Musicals liebte. Es hat natürlich keinen Sinn, in Briefen ein Bild von sich zu kreieren, das mit der Wirklichkeit nicht übereinstimmt. Wenn jemand Elton John oder George Michael schätzt, wird man ein entsprechendes Zitat finden müssen.

Zitate haben immer eine große Wirkung, weil sie zeigen, dass Gefühle in gewisser Weise universell sind. Die Kunst befasst sich mit einem Ideal der Liebe. Ideale sind immer universell. Sie werden erst speziell, wenn es um Individuen zu gehen beginnt. Ein Zitat darf lediglich eine Grundstimmung schaffen und sollte stets erläutert werden. Dabei kann es reichen zu sagen: «Bei diesen Zeilen denke ich immer, wir beide haben irgendetwas Schönes vor uns.»

In einem Zitat darf man nie eine spezielle Wahrheit suchen. Spezielle Wahrheiten gibt es nur zwischen Ihnen und Ihrem Wunschpartner. Zitate gelten immer nur in einem übertragenen Sinne. Machen Sie das bitte unbedingt deutlich, wenn Sie welche verwenden. Zuweilen reicht es auch, am Ende des Zitats einfach nur den Autor zu nennen. Dann weiß der Empfänger, Sie sind von den Zeilen berührt, Sie beziehen sie auf Aspekte der sich anbahnenden oder bestehenden Beziehung.

Schreibe ich etwa einer Dame, die ich liebe, zur Nacht: «Ich bin Dir so nah, dass ich in meinem Schlaf Deine Augen schließe. Pablo Neruda», nenne also den Autor, weiß sie, ein Wort-Genie schrieb etwas an seine Geliebte, das jetzt gerade auch für mich gilt (universell), aber auch in Bezug auf meine Geliebte (speziell).

In einem Brief ist inhaltlich und in puncto Umfang alles erlaubt. Spielen Sie also grenzenlos! Das Thema eines Briefes ist ja vorgezeichnet. Es gilt immer, einen Konflikt zu klären. Konflikt im dramaturgischen, nicht im streit-technischen Sinne natürlich.

Als hübsches Beispiel mag Ihnen die folgende Auftragsarbeit dienen: Einer meiner Mandanten traf eine junge Frau, verliebte sich, schlief mit ihr und hatte ihr nun nachträglich mitzuteilen, dass er verheiratet ist, es aber trotzdem ernst mit der Dame meine.

Hier war es also die Aufgabe, einen konkreten, eigentlich intolerablen Vertrauensbruch zu gestehen, gleichzeitig Vergebung zu erlangen und keinesfalls die beginnende Liebesbeziehung zu gefährden. Es gibt nur zwei Möglichkeiten, einen solchen Brief aufzubauen: sofort zur Sache zu kommen oder die «Sache» einzuleiten. Es soll ja immer noch die alte Regel gelten, immer erst das Gute zu sagen, bevor man mit dem Schlechten aufwartet. «Schönes Auto hast du, aber deine Frau sieht ja grauslich aus.» Diese dämliche Aussage verdeutlicht vielleicht die Blödsinnigkeit dieser rhetorischen Regel, die nicht nur abgegriffen, sondern auch völlig wirkungslos ist.

Es ist ganz egal, ob man zunächst vom Auto spricht und dann von der Frau oder umgekehrt. Die Wirkung beim Empfänger ist exakt dieselbe: Die negative Aussage über die grausliche Ehefrau steht im Vordergrund – so oder so.

Wenn wir bedeutsame Dinge wie im vorliegenden Fall zu sagen haben, gar brutale Schuldeingeständnisse machen müssen, sollten wir intuitiv vorgehen. Meinem Mandanten schlug ich vor, am Anfang eine positive Grundstimmung zu schaffen, indem er die Erinnerung an gemeinsame wertvolle Momente wachruft und mit einer Überschrift, einem Zitat arbeitet. Die Empfängerin des Briefes ist eine 30-jährige Ärztin, der Schreiber ein 40-jähriger Anwalt. Kursiv finden Sie eine Analyse des Briefes.

«Wo anfangen, wenn es um Unwägbares geht?

Liebes, der Samstag mit Dir hätte genauso wenig enden dürfen wie der Sonntag, der uns so oft so versonnen ineinander schlafend fand. Diese Form von Harmonie zwischen uns empfand ich als ganz natürlich. Ich finde es so natürlich, Dich zu mögen, sehr zu mögen, Dir zu vertrauen, sehr zu vertrauen, weil wir auf irgendeiner Ebene einen wunderbaren Gleichklang haben. Dieser Gleichklang war um 18:37 in Steinbach genauso vernehmbar wie Stunden später bei den ersten Küssen (war ja praktischerweise auch in Steini), die für mich immer noch wertvoll sind, weil ich nicht erinnern will, jemals schneller so fraglos genossen zu haben, so schnell gefallen zu sein.»

Analyse: Eine fragende Überschrift mit einem Indefinitum («Unwägbares») ist ein geschickter Zug, denn diese Überschrift ist extrem vielversprechend. Sie zeigt eine gewisse Unsicherheit (durch die Frageform) und wirkt dadurch ehrlich und komplett unarrogant. Und sie stellt natürlich auch die Beantwortung in Aussicht, macht also neugierig.

Die allgemein gehaltene Anrede «Liebes» ist souverän und nicht zu verspielt. Die prägnante Zusammenfassung des gemeinsam Erlebten ist geglückt, zeigt Sensibilität und vor allem die Wertschätzung des Erlebten. Der Mann, der das schreibt, hat die Gegenwart der Dame wirklich genossen. Ein Glanzpunkt ist «weil ich nicht erinnern WILL, jemals schneller so fraglos (...)». In jenem «will» steckt ein bestechend hohes Maß an Ehrlichkeit: Der Schreiber ist 40 und hat natürlich schon andere Frauen geküsst, aber die Nähe zur fraglichen Dame ist so besonders, dass er es, selbst wenn er schon Ähnliches erlebt hat, bewusst vergessen will.

«Falls Du meine akute Einschätzung unserer Beziehung wissen möchtest: Ich will Dich tiefer, näher, inniger …, so weit erforschen und genießen, bis uns die Erkenntnis kommt, das fortzuführen, einzufrieren, auszuleben oder einschlafen zu lassen, was dann offenkundig würde.

Ich will sehen, wie Dich Leidenschaft mitreißt, wenn ich mit Dir schlafe, Du mir zeigst, was Du liebst. Ich finde vieles, was ich über Dich erfuhr, so anrührend: dass Du morgens eine Stunde liest, bevor Du arbeitest, dass Du oft umziehst, weil Du etwas suchst, aber nicht weißt, was, oder dass Du so autark lebst.»

Analyse: Die Feststellung des Ist-Zustandes der Beziehung ist sinnvoll, denn auch sie ist voller Wertschätzung. Nur vor diesem Hintergrund kann das Ausmalen einer Zukunft seine volle Wirkung entfalten. Vorliegend besteht der Ist-Zustand eigentlich nur aus dem Wunsch nach mehr und einer ungeheuren Neugier auf bevorstehende Ereignisse. Dann die richtige Einschätzung der Dame, das Erfassen ihrer Sehnsüchte – das können wir wegen unserer Empathie-Kenntnisse sehr gut.

«Du wirkst haltlos, etwas entwurzelt und doch nicht wehleidig. Sehnsüchten, die in Dir ruhen, spürst Du in vager Zielstrebigkeit nach (Internet-Partnersuche). Deine Genüsse gehen dabei nicht sonderlich tief. Du hältst für Liebe, was vermutlich keine war, Du hörst Radiosender und liest offenbar Bücher, die Deine Erkenntnistiefe zu wenig steigern, wobei ich Deinen Mut zu de Sade bewundere. Ich möchte, dass Du ‹Lolita› liest, Woody Allen Dich berührt und dass Du von Rachmaninow feucht wirst ... aber es ist Dein Leben.

Ich möchte Dich im Arm halten, wenn Du weinst oder lachst, ich möchte wissen, warum Du weinst oder lachst, und ich möchte Dich herausfordern. Du bist mir schon jetzt so wichtig, dass ich will, dass Dein Leben reicher wird. Ich bin in etwas an Dir verliebt und ahne erst, was, kann es jetzt noch nicht wirklich umreißen.»

Analyse: Noch mehr Wahrheiten und noch viel mehr Intimitäten. Der Part mit dem «Feuchtwerden bei Rachmaninow» ist natürlich eine sehr forsche Formulierung, ich wusste aber, dass die Dame beim letzten Date mit dem Juristen ein kleines Luder war, das die Leidenschaft immer weiter steigern wollte. Bei einer jüngeren, weniger aufgeschlossenen Frau müsste man vorsichtiger vorgehen. Dann das Inaussichtstellen von Schönem, Wertvollem, Tiefem und das Liebesgeständnis, das umso glaubhafter ist, weil es nicht dümmlich überschwänglich, sondern erst eine «Ahnung» ist.

«Ich glaube, es steht noch eine Ungewissheit zwischen uns. Es tut mir weh und leid, dass ich immer wieder verdrängte, das klarzustellen. Du fragtest mich bei unserem ersten Date, ob ich verheiratet sei (…) Ich kann jetzt nicht anders, als zu gestehen, dass mein Wunsch, Dich zu küssen, so intensiv war, dass ich den Eindruck von Ledigkeit im Raum stehenließ, weil ich alles, das diesen ersten Kuss gefährdet hätte, aus meinen Gedanken verbannte. Da Du mich nicht liebst, wirst Du mich jetzt auch nicht hassen können: Ich entschuldige mich tief und gestehe, dass Du die erste Frau bist, die ich in diesem Punkt anlog, ich musste, musste, musste Dich einfach küssen (…).

Ich bin noch in einer seit sechs Jahren komplett asexuellen Ehe befangen, lebe seit Jahren gerne in meinem Arbeitszimmer und weiß, dass sich dieser Zustand bald ändern wird.»

Analyse: Die Schilderung des eigenen Schmerzes muss Bestandteil einer Beichte, aber sehr knapp gehalten sein, sonst wirkt man egozentrisch! Im Anschluss wird die Lüge gebeichtet und das Motiv genannt – schließlich ist die Wunderbarkeit der Frau selbst das Motiv.

Die dann folgende Unterstellung, sie liebe ihn nicht, ist frech und bescheiden zugleich. Frech, weil man die Gefühle der Frau zu kennen behauptet, und bescheiden, weil man suggeriert, man habe die Liebe der Dame nicht verdient.

Der Rest ist Ehrlichkeit; außerdem befriedigt man die Neugier der Dame. Es gibt also keinen Sex in seiner Ehe – das ist gewiss beruhigend für die Neue. Dann als Gipfel die Ankündigung, dass er seine Lebensumstände ändern will, also wieder Zukunft und Perspektive!

«Wenn Du mich jetzt aus Deinem Leben haben willst, müsste ich das verstehen ... Ich wäre aber gestorben, wenn ich Dich nie hätte küssen dürfen. Ich vermisse Deine Hände, Augen, Nähe, Wärme, Deinen Duft, Dein Denken, Handeln, Dasein, Dein Nichtsingen, Deine Ansicht, Dein Bett, Dein Mirzuhören – Deinen rauchigen Atem etwas weniger und hoffe so sehr, dass Du verstehst, dass ich es mir nicht entgehen lassen konnte, Dich unbelastet von der wohl temporären Wahrheit meiner Ehe unbefangen und mit aller Nähe kennenzulernen. Es gibt übrigens keine Kinder oder so einen Quatsch. Wenn Du mich jetzt hassen willst, danke ich für so viel Gefühl. Ich konnte mir die Möglichkeit, Dich möglicherweise irgendwann zu lieben, einfach nicht verbauen.

Ich küsse Dich und bin Dir fast so nah, als wäre ich Dir nah.

L.»

Analyse: Hier besteht das gewinnende Moment darin, dass der Mann Verständnis für jedwede Reaktion der Dame zeigt und gleichzeitig ihre Unwiderstehlichkeit betont. Dann selbst in der sentimentalen Erinnerungssequenz noch eine Kritik («rauchiger Atem») loszuwerden, ist sehr wirkungsvoll, weil es den Autor nicht zum Bettler macht, sondern seine Würde erhält. Ein paar sauber formulierte Bekenntnisse und ein Schlusssatz mit Nähe-

Aspekt und Wortwitz. Gut auch: die Unterschrift ohne «Dein», was fordernd wäre. Wir haben alles richtig gemacht. Wie wird sie reagieren?

«Lieber L.!
Bitte verzeih mir mein Schweigen! Ich weiß, es ist weder nett von mir, noch fair. Doch ebenso wenig fair fand ich es von Dir, mir dieses Detail Deines Lebens, Deine Ehe, zu verschweigen. Und ebenso wenig fair fand ich es, dass Du es mir in einem Brief mitteiltest, anstatt es mir persönlich, von Angesicht zu Angesicht zu sagen! Deine Motive sind einigermaßen nachvollziehbar für mich, was Dein Verhalten jedoch in meinen Augen keineswegs zu entschuldigen vermag. Was Du mir in Deinem ersten Brief mitteiltest, lässt unser Zusammensein in einem anderen Licht erscheinen. Es klingt etwas wehleidig, selbst in meinen Ohren, wenn ich mich frage, hat er mich nur benutzt? Ich hoffe, zu wissen, dass es nicht so ist, doch diese Frage schrillt unaufhörlich in meinem Kopf. Du hättest es mir sagen müssen! Bevor irgendetwas zwischen uns passiert! Du hättest mit mir reden, Dich mir erklären müssen. Ich hätte Verständnis gehabt! Doch so war es ein Missbrauch meines Vertrauens – und ich habe Dir vertraut. Auch wenn Dir diese Ehe nichts mehr bedeuten mag, hätte ich es wissen müssen. Dass Du aus offensichtlich egoistischen Motiven so gehandelt hast, macht es für mich nur schlimmer.

Trotz allem danke ich Dir für die Zeit, die ich mit Dir verbringen, dass ich einen kleinen Teil von Dir erfahren durfte. Ich danke Dir dafür, dass ich Dich für einen kleinen Augenblick meines Lebens lieben durfte. (...) Ich fand es wunderschön, mit Dir zu schlafen: natürlich, vertraut und ebenso fremd. Nie bin ich so geliebt worden, und ich weiß, dies wäre erst der Anfang gewesen. Ich kann nur erahnen, welche Freuden der Liebe mir nun für immer verschlossen bleiben werden.

Dein Brief hat mich schier überwältigt und meine Welt noch mehr verrückt. Denn wie kann es sein, dass ein Mensch in der Lage ist, so viele Facetten meiner Person auf so unglaubliche Weise zu erfassen, dass es mir fast Angst macht? Ich weiß, dass ich wohl nicht wirklich geliebt habe in meinem bisherigen Leben, aber ich weiß auch, dass ich Dich hätte lieben können!

Ich danke Dir für Deine Offenheit in Bezug auf Deine Ehe. Das zu verstehen, was Euch trotz allem beieinanderhält, fällt mir nach wie vor schwer. Aber es ist mir wichtig zu wissen, wie Du lebst, warum Du so lebst, weil es ein Teil von Dir ist und ich so viel wie möglich von Dir erfahren möchte. Doch kann ich darüber nicht urteilen. Es ist Deine Entscheidung, wie Du lebst. Wir können nicht wissen, wie weit sich unsere noch so junge, sich gerade entfaltende Liebe entwickeln wird. Doch Du sollst wissen, dass ich Dich in dieser Hinsicht nie zu irgendetwas drängen werde. Es soll ganz allein Deine Entscheidung sein. Wenn Du fühlst, dass es so weit ist, solltest Du es tun, aus keinem anderen Grund als nur diesem! (…)

Ich will mich von Dir entführen lassen, in eine Welt von Liebe und Leidenschaft, ich glaube, bereit dafür zu sein. Ich will aufhören, mir darüber Gedanken zu machen, was richtig und was falsch wäre. Denn wie soll ich es jemals wirklich wissen, wenn ich es nicht einfach wage!

Hiermit werde ich nun enden und zumindest für heute mit der Gewissheit zu Bett gehen, dass ich eine Rolle in Deinem Leben spiele und dass mein letzter Gedanke, bevor ich die Augen schließen werde, Dir gelten wird.

Ich danke Dir!
Ich küsse Dich voll Hingabe!

Ich schließe die Augen und spüre, Du bist bei mir!

Deine K.

Analyse: Liebe.

Natürlich hat mein Klient in den von mir durch vorbereitende Trainings betreuten Dates mit der Dame wunderbare Vorarbeit geleistet, aber es war auch der Brief, der diese Beziehung entstehen ließ. Die beiden sind nun verheiratet.

Jemand, der eine Beamtin für sich gewinnen wollte, bekam einmal folgende Formulierungshilfe von mir:

«Sehr geehrte Frau T.,
wir bedanken uns für den Eingang Ihres Schreibens vom 21. Mai des Jahres. Wir können bestätigen, dass wir Sie vermutlich ein bisschen lieben, und zwar im Höchstmaß dessen, was nach so kurzer Zeit und so wenigen Kenntnissen möglich ist.

Eine genauere Untersuchung der emotionalen Vorgänge behalten wir uns ausdrücklich vor und bitten Sie, sich für zarte Erkundungstouren in Ihre Seele und linde Forschungen bezüglich Ihres Leibes bereitzuhalten.

Wir küssen Sie mit dem gebotenen Respekt und verbleiben mit sehnsuchtsvollen Wünschen, so rasch wie möglich Ihre Nähe zu finden

Ihr B., Geschäftsführer»

Ich fand es dann aber wichtig, um das Hauptziel von Briefen (Klarheit zu schaffen und Missverständnisse auszuräumen) zu erreichen, noch ein paar normale Zeilen nachzusetzen, weil man

das Humorverständnis von Menschen, die man nicht persönlich kennt, leicht falsch einschätzt:

«Liebste,
ich bin so gerne albern! Danke für Deine Worte (...). Ich nehme das also jetzt ernst und pflege meine Neugier auf Deine Tiefen und Höhen und Deinen Mut und Deine Ängste, Deine Geschmacks- und Gefühlswelt und Deine Erregtheit und Deine Hingabe mit verdammter Sehnsucht nach mehr. Ich halte Dich, drücke Dich an mich und küsse Dich

Dein B.»

Ich hoffe, diese Beispiele haben Ihnen gezeigt, dass Briefe etwas Besonderes sind. Ein geschriebenes Wort hat immer ein höheres Maß an Verbindlichkeit als ein nur gesagtes. Man kann das gemeinsam Erlebte verarbeiten und fixieren, Ziele definieren und deren Erreichen wunderbar unterstützen. Hier die wichtigsten Punkte noch einmal:

- Die Anrede ist wichtig.
- Zitate sind wichtig und unbedingt als solche zu kennzeichnen.
- Konflikte lassen sich mit Briefen nachhaltig klären.
- Die Wortwahl ist sehr bedeutsam, weil man Verbindliches schreibt.
- Die Dramaturgie muss stimmen: Grundstimmung schaffen, Sachverhalt schildern, Lösung aufzeigen.
- Humor ist auch in der Korrespondenz gewinnend.
- Seien Sie ehrlich. Schriftliche Lügen sind zwar strafrechtlich unbedenklich, moralisch aber untragbar.

> - Haben Sie den Mut zur Ausführlichkeit,
>   aber bleiben Sie unterhaltsam.
> - Behalten Sie immer die Position
>   des Gegenübers im Auge;
>   beschreiben Sie nicht nur Ihre Bedürfnisse,
>   sondern erforschen Sie dezent die des Flirtpartners.
> - Stellen Sie gezielte, höfliche und witzige Fragen.

AM TELEFON

«You are my inspiration ...»

*Rock Hudson am Telefon
in dem Film «Bettgeflüster»*

Ich kann natürlich nicht umhin, auf mein Lieblings-Flirtinstrument einzugehen: das Telefon. Dort gelten ein paar besondere Rhetorik-Regeln und eine ganz spezielle Dramaturgie. Gefragt ist auch eine besondere Form der Aufmerksamkeit. Dabei ist es gleich, ob wir angerufen werden oder selbst anrufen. Warum sollen wir denn die Chance verschenken, eine Callcenter-Lady, die uns anruft, unbeflirtet zu lassen? Und warum einen geschäftlichen Anruf, den wir tätigen, nicht auch im Flirtsinne anregend gestalten?

Generell haben wir am Telefon folgende Besonderheiten zu beachten:
- Die optischen Aspekte sind (so man sich nicht kennt) zu-

nächst ausgeklammert; zeitgleich ist es spannend, dass man gemeinsam über das Aussehen des anderen spekulieren kann.
- Sie können Ihre Stimme während des Telefonierens wunderbar trainieren.
- Sie können mit Ihrer Sprache Gemälde malen.
- Sie können sich schnell und unbeschadet zurückziehen.

Lassen Sie mich mit Ihnen einen Ablaufplan entwerfen. Als Grundlage dafür soll eines meiner Telefonate dienen, das ich etwas gekürzt habe, weil nur die wesentlichen Elemente untersucht werden müssen. Vergessen Sie bitte nicht: Hier wird ein Idealverlauf geschildert, bei dem eine der wichtigsten Grundvoraussetzungen stimmte: Die Dame war aufgeschlossen und nicht liiert. Ansonsten dauert es vielleicht etwas länger, jemanden für sich zu gewinnen; manchmal muss man gar den Rückzug antreten – einen charmanten, selbstverständlich.

Frau: «Tanzzentrum Sarabande, Anja.»
Anrufer: «Guten Tag, Anja, hier ist Phillip, Phillip von Senftleben, falls mein Nachname für Ihr weiteres Leben von irgendeiner Relevanz sein sollte ...»
Frau (lacht!): «Eigentlich bis jetzt noch nicht ...»
Anrufer: «Witzig! Ich habe vergessen, was ich wollte. Sie haben mich schon völlig aus dem Konzept gebracht.»
Frau (lacht): «Oh, das tut mir aber leid; war nicht meine Absicht.»
Anrufer: «Ja, eigentlich will ich sofort Ihre Telefonnummer haben.»
Frau (lacht wieder): «Sie gehen ja ganz schön ran ...»
Anrufer: «Ja, das war der Sofortimpuls, als ich Ihre Stimme hörte ... Ich rufe aber aus einem anderen Grund an: Die

kleine Tochter einer Freundin möchte unbedingt Ballettunterricht nehmen. Bieten Sie das an?»

Frau: «Da muss ich Sie leider enttäuschen, das bieten wir gar nicht an.»

Anrufer: «Schade. Was machen Sie da, wenn ich fragen darf? Sind Sie Büro- oder Tanzmaus?»

Frau: «Ich bin 'ne Tanzmaus und Büromaus.»

Anrufer: «Danke, dass Sie mir das mit der Tanzmaus nicht übelgenommen haben.»

Frau: «Macht nichts.»

Anrufer: «Sie sind also Künstlerin. Sie nehmen mir meine Frechheiten nicht übel. Finde ich toll. Kann ich dann jetzt Ihre Telefonnummer haben?»

Frau (lacht)

Anrufer (lacht mit): «War 'n Witz …»

Frau: «Ja, deswegen lache ich ja, weil es ein Witz war.»

Anrufer: «Vielen Dank! Sie tanzen und choreographieren?»

Frau: «Ja, genau.»

Anrufer: «Fred Astaire, dem größten Hollywood-Tänzer aller Zeiten, wurde ja bei seinem ersten Casting bescheinigt: ‹Sieht mies aus, kann nicht spielen, kann ein bisschen tanzen.›»

Frau: «Echt? Unglaublich. Habe lange nichts mehr von Astaire gesehen.»

Anrufer: «Das ist ein Fehler. Ich liebe den Kerl.»

Frau: «Hätte schon Lust, mal wieder einen Astaire-Film zu sehen, wenn Sie so von ihm schwärmen …»

Anrufer: «Ich habe fast seine Figur, vielleicht ein bisschen pompöser … Vielleicht ein etwas hübscheres Gesicht. Bitte beachten Sie, dass mich die Hübschheit Ihres Gesichtes jetzt auch ein wenig zu interessieren beginnt … Krieg ich jetzt die Nummer?»

Frau: «Damit Sie sich Fred Astaire mit mir angucken können?»
Anrufer: «Ich würde es nicht wagen, Sie gleich zu mir nach Hause einzuladen ...»
Frau: «Wir können ja 'nen Kaffee trinken.»
Anrufer: «Diese Kaffee-Sache ist mir ein bisschen zu normal. Wir sind doch beide keine Lass-uns-mal-'nen-Kaffee-trinken-Typen. Ich will nur mit Ihnen weiterlachen ... so! Krieg ich jetzt die Nummer?»
Frau (gespielt genervt): «Na gut: 0171 (...)»

Die grobe Struktur fasse ich zunächst einmal in Schlagworte. Zuerst aus meiner Sicht:
- Vorstellung
- Witz
- Geständnis
- Problemstellung/Geschichte
- Frage
- Einschätzung/Unterstellung
- Nach Nummer fragen
- Höflichkeit
- Thema: Fred Astaire
- Sich beschreiben
- Nach Nummer fragen
- Offenbarung/Ehrlichkeit
- Rückzug
- Einschätzung als außergewöhnlich
- Das Besondere definieren
- Sieg

Aus Sicht der Frau:
- Vorstellung
- Lachen

- Offenbarung
- Einschätzung
- Enttäuschung
- Offenbarung
- Verzeihen
- Lachen
- Interesse zeigen
- Lachen
- Interesse zeigen
- Vorschlag (Reaktion auf Rückzug)
- Nummer geben

Betrachten wir nun einmal genauer, welche meiner Verhaltensweisen zu welcher Reaktion bei der Dame geführt hat:
- Vorstellung führt zu *Vorstellung*
- Witz führt zu *Lachen*
- Geständnis führt zu *Offenbarung*
- Problemstellung/Geschichte führt zu *Entschuldigung*
- Frage führt zu *Offenbarung*
- Einschätzung/Unterstellung führt zu *Verzeihen*
- Nach Nummer fragen (Witz) führt zu *Lachen*
- Höflichkeit führt zu *Interesse*
- Thema: Fred Astaire führt zu *Interesse*
- Sich beschreiben führt zu *Interesse*
- Nach Nummer fragen (Witz) führt zu *Lachen*
- Offenbarung/Ehrlichkeit führt zu *Interesse*
- Rückzug führt zu *Vorschlag*
- Einschätzung als außergewöhnlich führt zu *Interesse und Initiative*

Zwei zentrale Elemente kristallisieren sich hier heraus: Lachen und Interesse. Je schneller es uns gelingt, sie beim anderen hervorzurufen, desto besser. Lachen ist der Schlüssel zur Nähe, weil Lachen Menschen öffnet und empfänglich macht (siehe Kapitel «Humorfaktor I und II»). Lachen ist aber auch eine Herausforderung, bei der mitschwingt: «Was hast du noch zu bieten?» Manchmal reicht es, viele Lacher hervorzurufen, um so schon vor dem ersten Date zu beweisen, dass man einiges auf Lager hat. Gerade beim Telefonflirt müssen wir aber darüber hinaus alles tun, Interesse beim anderen zu wecken: So schaffen wir Vertrauen.

Das kann bereits nach wenigen Gesprächsminuten gelingen, indem man die Person am anderen Ende der Leitung richtig einschätzt und wertet. Im vorliegenden Beispiel war mir zum Beispiel schnell klar, dass die Dame Humor hat und gut gelaunt ist, also konnte ich sie mit Witz und Schlagfertigkeit am besten für mich einnehmen.

Am schnellsten erreicht man Vertrauen aber darüber, dass man selbst einen kleinen Vertrauensvorschuss leistet. Das habe ich hier getan, indem ich der Lieblichen sehr schnell offenbart habe, dass sie mich begeistert.

Dann habe ich wieder auf Humor gesetzt und sie scherzhaft schon nach wenigen Sekunden nach ihrer Nummer gefragt. Scherzhaft, weil beide Gesprächspartner wissen, dass diese Bitte – bei aller Anfangssympathie – zu schnell kam, als dass man ihr sofort hätte nachgeben können. Deshalb ist es in diesem Fall sinnvoll, seine Verwunderung über die eigene Offenheit zu zeigen (Erinnern Sie sich? Der überraschte Tonfall beim Kompliment?). Damit wir unsere Frage im Humorvollen belassen, das Vertrauen der Dame behalten und nicht etwa den Eindruck erwecken, ein Psychopath zu sein, müssen wir jetzt ablenken. Das geht am besten, indem wir das Gespräch wieder auf sachliche, seriöse Themen zurückführen und nach dem Ballettunterricht fragen. Im vorliegenden Fall musste mich die

Dame enttäuschen, weil sie Entsprechendes nicht anbot. Der Vorteil bei einer abschlägigen Antwort: Vor allem höfliche Damen bedauern, uns nicht weiterhelfen zu können, und wollen uns zum Ausgleich etwas Gutes tun. Hilfsbereitschaft an sich ist zwar nicht gerade sexy, aber sie kann uns zumindest einen Zeitvorteil verschaffen. Im obigen Gespräch erleichterte mir die Hilfsbereitschaft der Dame, den nächsten Schritt zu wagen und eine persönliche Frage zu stellen.

Die Frage nach dem Job bietet auf mehreren Ebenen Vorteile:
a) Wir zeigen Interesse, können ein substanzielles Thema ansprechen und uns damit seriös zeigen.
b) Sie bleibt am Ball, denn fast jeder Mensch spricht gern über seine Arbeit.
c) Wir können zu verwandten Themen überleiten, von denen wir Ahnung haben (Fred Astaire), und so Interessen des Telefonpartners herausfinden.
d) Daraus können wir Gemeinsamkeiten herleiten.

Wenn der Gesprächspartner kein Egozentriker ist, wird er Gegenfragen stellen, und wir dürfen ein bisschen über uns reden. Eigentlich brauche ich es Ihnen als inzwischen versiertem Flirter nicht mehr zu sagen, erlauben Sie mir aber trotzdem noch einmal den Hinweis: Bleiben Sie immer bescheiden.

Wenn wir das Interesse an uns geweckt haben, können wir es jetzt noch steigern. Sollte der Nummernaustausch, gar eine Verabredung in Aussicht stehen, machen wir einen kleinen Rückzieher und hinterfragen den Vertrauensgrad unserer noch jungen Beziehung – der Königsweg, um noch mehr Vertrauen zu gewinnen. Außerdem strahlen wir Souveränität aus, weil wir nicht um Verabredungen betteln müssen, sondern diese verhandeln können; wir sind schließlich großartig.

Die kommende Verabredung dann noch durch einen besseren Gegenvorschlag zu toppen (hier: Kaffeetrinken contra Lachen), ist kaiserlich.

Natürlich laufen Gespräche nicht immer so glatt ab. Betrachten wir deshalb noch ein weiteres, etwas schwierigeres Telefonat, das ich einmal mit einer Dame geführt habe:

Frau: «E-Werke (…), mein Name ist Christine Müller, was kann ich für Sie tun?»

Anrufer: «Guten Tag, Frau Müller. Mein Name ist Phillip von Senftleben. Danke, dass Sie Ihren Vornamen gleich mitverraten. Ich habe eine Postkarte unter meinem Scheibenwischer gefunden, auf der eine Jenny behauptet, ich hätte sie fast überfahren und solle anrufen. Sie sind nicht diese Jenny?»

Frau (etwas aggressiv): «Nein, und hier gibt es auch keine Jenny! Und wir verteilen auch keine Postkarten unter Scheibenwischern.»

Anrufer: «Sie haben eine sehr aufreizende Stimme; das darf ich wohl bemerken.»

Frau (kühl): «Danke.»

Anrufer: «Woher kommt eigentlich das Knistern in dieser Leitung? Entschuldigen Sie meine Wortspiele, aber bei einem E-Werk bietet sich das ja irgendwie an, Ihren wunderbar gehemmt-aggressiven Unterton derart zu umschreiben.»

Frau (atmet genervt aus)

Anrufer: «Dass ich versuche, hinter dieser obskuren Situation einen philosophischen Boden in Richtung Fatalismus, in Richtung Schicksalhaftes zu sehen, lässt Sie kalt, ja?»

Frau: «Haben Sie eigentlich noch irgendetwas anderes vor, als mich hier weiter zu belästigen?»

Anrufer: «Das ist das Letzte, was ich möchte, dass eine Frau denkt, ich würde sie belästigen. Darf ich trotzdem noch ein witziges Wortspiel loswerden? Wo ich grad im E-Werk bin? Warum brennen wir nicht durch?»

Frau: «Wie bitte?»

Anrufer: «Ein Witz, ein Wortspiel.»

Frau: «Ich muss arbeiten.»

Anrufer: «Christine Müller, Sie haben eine reizende Art an sich: Selbst Ihre Abweisung hat etwas Charmantes. Dann ziehe ich mich jetzt aus dieser knisternden Leitung zurück. Wenn ich jetzt nach Ihrer Telefonnummer fragen würde, würden Sie wahrscheinlich die ganze Stadt vom Strom abschneiden?»

Frau: «Wenn Sie mich nach meiner Telefonnummer fragen würden, würde ich auflegen.»

Anrufer: «Christine, mein Name ist Phillip, und ich verabschiede mich mit all dem angemessenen Respekt, den ich Ihnen nach so kurzer Zeit entgegenbringen kann.»

Frau (genervt, kühl): «Ihnen auch noch einen schönen Tag.»

Anrufer: «Ihnen einen schöneren.»

Eine harte Nuss, bei der es zunächst nur einen Ausweg gab: Rückzug. Das ist mitunter der einzige Weg, um Aggressionen abzuwenden. Da ich aber spürte, dass die Dame nicht völlig abgeneigt, sondern nur vorsichtig war, musste ich einen zweiten Versuch starten.

Frau: «E-Werke (...), mein Name ist Christine Müller, was kann ich für Sie tun?»

Anrufer: «Phillip von Senftleben.»

Frau (relativ freundlich): «Sie schon wieder?»

Anrufer: «Ich hab schon wieder eine Karte unter meinem Scheibenwischer gefunden. Diesmal eine Ricarda mit dieser

Nummer. Irgendjemand scheint uns hochnehmen zu wollen.»

Frau: «Schämen Sie sich nicht? Die Nummer wird doch nun langsam alt.»

Anrufer: «Um ehrlich zu sein: Ich hab Ihretwegen nochmal angerufen. Aber ich dachte, es wäre ein süßer kleiner Gag, ‹Ricarda› vorzuschicken. Denn, Christine Müller, was Sie mir das letzte Mal angetan haben, mit Ihrer reizvollen und völlig berechtigten Kaltschnäuzigkeit, kann ich insofern nicht auf mir sitzenlassen, als es meine Schuld ist, dieses Verhalten ausgelöst zu haben. Und ich möchte Sie einfach nur zwei Dinge fragen.»

Frau: «Ja?»

Anrufer: «Sind Sie glücklich in Ihrem Job?»

Frau: «Ja, auf jeden Fall.»

Anrufer: «Sind Sie glücklich in einer Beziehung?»

Frau: «Nein, ich bin Single.»

Anrufer (sehr sachlich): «Vielen Dank für Ihr Vertrauen. Hiermit beende ich dieses Gespräch. (Pause) Nein, mache ich nicht! Es sei denn, Sie wollen das …?»

Frau (energisch, aber freundlich): «Was wollen Sie?»

Anrufer: «Ich möchte noch mehr Lacher von Ihnen haben. Wie eben diesen ganz kleinen – ich hab's genau gehört.»

Frau (lacht jetzt deutlich vernehmbar)

Anrufer: «Merken Sie jetzt das Knistern in der Leitung?»

Frau: «Sie sind nicht uncharmant …»

Anrufer: «‹Charmant› finde ich immer ein bisschen beleidigend, weil ich einfach nur versuche, ehrlich zu sein. Ich kann nur meine Begeisterung nicht ganz verbergen. Wenn Sie mir also jetzt Ihre Telefonnummer gäben, dann würde das vielleicht besser enden als das letzte Mal.»

Frau: «Vielleicht sollten Sie das nächste Mal, wenn Sie von einer Stimme begeistert sind, einen ganz anderen Einstieg wählen.»

Anrufer: «Dann geben Sie mir doch einen Flirtkurs, bevor mein Leben in Romantikfragen den Bach runtergeht.»

Frau (lacht): «Das hätten Sie bitter nötig.»

Anrufer: «Dann geben Sie mir Ihre Nummer!»

Frau: «Und was erhoffen Sie sich daraus?»

Anrufer (verbessernd): «DAVON erhoffe ich mir, dass ich Sie ein bisschen näher kennenlerne. Das ist alles. Sie haben eine Neugier in mich gesät, die ich ein bisschen wässern, düngen will, um zu sehen, was daraus wird … Und um noch dreimal Ihr Lachen zu hören.»

Frau (lacht)

Anrufer: «Sehen Sie? Einmal hab ich schon.»

Frau: «Ich habe keine andere Chance, oder?»

Anrufer: «Glücklich zu lachen? Nein!»

Frau: «Ich bin wahnsinnig, also schreiben Sie: 35…»

Anrufer: «Sie sind wunderbar, hoffe ich.»

Frau: «Ich hoffe, dass Sie das auch sind.»

Anrufer: «Und irgendjemand muss mir das Flirten ja beibringen.»

Frau: «Da haben Sie noch viel zu lernen …»

Jetzt haben Sie das Gespräch einmal im Ganzen gelesen. Zur intensiveren Betrachtung zerlege ich es noch einmal in kleinere Passagen und kommentiere die entscheidenden Phasen und Momente:

1. Versuch

Frau: «E-Werke (…), mein Name ist Christine Müller, was kann ich für Sie tun?»

Anrufer: «Guten Tag, Frau Müller. Mein Name ist Phillip von

Senftleben. Danke, dass Sie Ihren Vornamen gleich mitverraten ...»

Versuch, eine persönliche Beziehung aufzubauen. Ein erstes Hofieren, indem ich auf den Vornamen eingehe, aber kein plattes Kompliment à la «schöner Name» darüber mache.

«Ich habe eine Postkarte unter meinem Scheibenwischer gefunden, auf der eine Jenny behauptet, ich hätte sie fast überfahren und solle anrufen. Sie sind nicht diese Jenny?»
Frau (etwas aggressiv): «Nein, und hier gibt es auch keine Jenny! Und wir verteilen auch keine Postkarten unter Scheibenwischern.»

Hier müssen wir die emotionale Grundstimmung wahrnehmen. Die Frau ist genervt und auf Konfrontation aus. Probate Reaktion: das FESTSTELLEN EINER WAHRHEIT = KOMPLIMENT.

Anrufer: «Sie haben eine sehr aufreizende Stimme; das darf ich wohl bemerken ...»
Frau (kühl): «Danke.»
Anrufer: «Woher kommt eigentlich das Knistern in dieser Leitung? Entschuldigen Sie meine Wortspiele, aber bei einem E-Werk bietet sich das ja irgendwie an, Ihren wunderbar gehemmt-aggressiven Unterton derart zu umschreiben.»

Jetzt habe ich die Dame entwaffnend richtig eingeschätzt (Aphrodisiakum!). Dabei habe ich mein Vorgehen offengelegt («Entschuldigen Sie meine Wortspiele»). Sie kann ihre Grundstimmung jetzt zugeben oder kaschieren.

Frau (atmet genervt aus)

Anrufer: «Dass ich versuche, hinter dieser obskuren Situation einen philosophischen Boden in Richtung Fatalismus, in Richtung Schicksalhaftes zu sehen, lässt Sie kalt, ja?»

Hier der Versuch, unsere Seriosität unter Beweis zu stellen und in ein Thema einzusteigen.

Frau: «Haben Sie eigentlich noch irgendetwas anderes vor, als mich hier weiter zu belästigen?»

Auf diese Kampfansage muss ich reagieren und austesten, wie weit ich gehen kann. Also, ruhig noch eins draufsetzen.

Anrufer: «Das ist das Letzte, was ich möchte, dass eine Frau denkt, ich würde sie belästigen. Darf ich trotzdem noch ein witziges Wortspiel loswerden? Wo ich grad im E-Werk bin? Warum brennen wir nicht durch?»
Frau: «Wie bitte?»
Anrufer: «Ein Witz, ein Wortspiel.»
Frau: «Ich muss arbeiten.»

Die Dame traut sich noch nicht, von ihrem hohen Ross herabzusteigen, weil sie noch kein Vertrauen gefasst hat. Ich muss mit Offenheit kontern und den Rückzug antesten.

Anrufer: «Christine Müller, Sie haben eine reizende Art an sich: Selbst Ihre Abweisung hat etwas Charmantes. Dann ziehe ich mich jetzt aus dieser knisternden Leitung zurück. Wenn ich jetzt nach Ihrer Telefonnummer fragen würde, würden Sie wahrscheinlich die ganze Stadt vom Strom abschneiden?»

Jetzt können wir mit Bildern arbeiten. Eine Stadt ohne Strom, die Macht, die ich ihr unterstelle: Das ist nicht unromantisch. Aber Madame bleibt auf ihrem Ross sitzen.

Frau: «Wenn Sie mich nach meiner Telefonnummer fragen würden, würde ich auflegen.»

Hier hilft nur ein vorzeitiger Rückzug, sonst würden wir echte Aggressionen schüren. Diesen Zeitpunkt zu erkennen ist sehr wichtig, weil man irgendwann den «point of no return» erreicht, bei dessen Überschreiten man komplett verloren hat, weil die Abneigung zu stark geworden ist. Also, Rückwärtsgang einlegen! Ich habe alle Zeit der Welt – und ihre Büronummer!

Anrufer: «Christine, mein Name ist Phillip, und ich verabschiede mich mit all dem angemessenen Respekt, den ich Ihnen nach so kurzer Zeit entgegenbringen kann.»
Frau (genervt, kühl): «Ihnen auch noch einen schönen Tag.»

Auf eine Plattheit wie «Schönen Tag noch» muss ich originell kontern!

Anrufer: «Ihnen einen schöneren.»

Relativ witzig, oder?

2. Versuch
Frau: «E-Werke (…), mein Name ist Christine Müller, was kann ich für Sie tun?»
Anrufer: «Phillip von Senftleben.»
Frau (relativ freundlich): «Sie schon wieder?»

Sie hat insgesamt eine gute Erinnerung an mich. Offenbar bin ich merkwürdig geworden. Wie bekomme ich sie jetzt von ihrem Ross auf Telefonnummern-Geb-Höhe herunter? Vielleicht mit etwas Albernheit? Vielleicht, indem ich denselben Einstieg wie beim ersten Gespräch verwende? Das hätte etwas Vertrautes.

Anrufer: «Ich hab schon wieder eine Karte unter meinem Scheibenwischer gefunden. Diesmal eine Ricarda mit dieser Nummer. Irgendjemand scheint uns hochnehmen zu wollen.»
Frau: «Schämen Sie sich nicht? Die Nummer wird doch nun langsam alt.»

Jetzt ist Zeit für die Offenbarung, ein Plädoyer für mein in ihren Augen misslungenes Auftreten beim letzten Mal und mein Motiv für das erneute Anrufen. Dabei wieder eine Einschätzung und das Werten ihres Verhaltens als positives:

Anrufer: «Um ehrlich zu sein: Ich hab Ihretwegen nochmal angerufen. Aber ich dachte, es wäre ein süßer kleiner Gag, ‹Ricarda› vorzuschicken. Denn, Christine Müller, was Sie mir das letzte Mal angetan haben, mit Ihrer reizvollen und völlig berechtigten Kaltschnäuzigkeit, kann ich insofern nicht auf mir sitzenlassen, als es meine Schuld ist, dieses Verhalten ausgelöst zu haben. Und ich möchte Sie einfach nur zwei Dinge fragen.»
Frau: «Ja?»

Ehrliches Interesse zeigen. Ich muss mit ernstem Tonfall und einem Höchstmaß an Seriosität arbeiten, damit ich eine Antwort bekomme.

Anrufer: «Sind Sie glücklich in Ihrem Job?»
Frau: «Ja, auf jeden Fall.»
Anrufer: «Sind Sie glücklich in einer Beziehung?»
Frau: «Nein, ich bin Single.»

Sie antwortet! Ich bin einen Riesenschritt weiter. Das Vertrauen ist da. Das muss ich jetzt besiegeln. So mache ich ihr bewusst, dass sie mir vertraut.

Anrufer (sehr sachlich): «Vielen Dank für Ihr Vertrauen. Hiermit beende ich dieses Gespräch.» (Pause)

Der ironische Rückzug! Kommt Widerspruch? Im Machtspielchen ganz entscheidend: herausfordern und spaßhaft damit «drohen», das Gespräch zu beenden.

Anrufer: «Nein, mache ich nicht!»

Es kommt keine Reaktion. Die Dame spielt hart. Das kann ich auch und spreche es deshalb direkt aus:

Anrufer: «Es sei denn, Sie wollen das …?»
Frau (energisch, aber freundlich): «Was wollen Sie?»

Hat funktioniert: Sie stellt eine Frage. Sie zeigt Interesse! Ich muss jetzt natürlich mit einer passenden Antwort gewappnet sein. Also stelle ich meine Leistung in den Vordergrund, aber verkaufe es so, als wollte ich nur ihr Bestes. Frauen lachen gerne.

Anrufer: «Ich möchte noch mehr Lacher von Ihnen haben. Wie eben diesen ganz kleinen – ich hab's genau gehört.»
Frau (lacht jetzt deutlich vernehmbar)

Quod erat demonstrandum!

Anrufer: «Merken Sie jetzt das Knistern in der Leitung?»
Frau: «Sie sind nicht uncharmant ...»

Hier ist weiterhin Ehrlichkeit angesagt. Ein Kompliment von ihr ist doppelt wertvoll, wenn wir es höflich und sachlich hinterfragen und uns in der Folge wieder offenbaren (Begeisterung).

Anrufer: «‹Charmant› finde ich immer ein bisschen beleidigend, weil ich einfach nur versuche, ehrlich zu sein. Ich kann nur meine Begeisterung nicht ganz verbergen. Wenn Sie mir also jetzt Ihre Telefonnummer gäben, dann würde das vielleicht besser enden, als wir es das letzte Mal zu ahnen schienen.»
Frau: «Vielleicht sollten Sie das nächste Mal, wenn Sie von einer Stimme begeistert sind, einen ganz anderen Einstieg wählen.»

Wunderbar: Die Gute wähnt sich einem Flirtunkundigen gegenüber! Besser geht es nicht, denn meine scheinbare Harmlosigkeit ist ein hohes Gut. Wenn sie nicht merkt, wie ich sie mit der Ehrlichkeits- und Unbedarftheits-Tour gerade eingenommen habe, bin ich der König. Jetzt ein bisschen Hilflosigkeit in einer unwichtigen Frage (Flirten).

Anrufer: «Dann geben Sie mir doch einen Flirtkurs, bevor mein Leben in Romantikfragen den Bach runtergeht.»
Frau (lacht): «Das hätten Sie bitter nötig.»
Anrufer: «Dann geben Sie mir Ihre Nummer!»
Frau: «Und was erhoffen Sie sich daraus?»
Anrufer (verbessernd): «DAVON erhoffe ich mir, dass ich Sie ein

bisschen näher kennenlerne. Das ist alles. Sie haben eine Neugier in mich gesät, die ich ein bisschen wässern, düngen will, um zu sehen, was daraus wird ... Und um noch dreimal Ihr Lachen zu hören.»

Sich zu offenbaren, sie zu hofieren und ein Bild zu malen («düngen», «wässern»), das angenehme Gedanken an ein zartes Pflänzchen hervorruft, ist vernünftig. Davor noch das i-Tüpfelchen einer kleinen Frechheit: das Verbessern von «daraus» in «davon». Es zeigt, dass ich nicht einknicke und schleime.

Frau (lacht)

Mit ihrem Lachen signalisiert sie mir, dass sie ihren Widerstand aufgibt und sich für mich zu interessieren beginnt. Also spreche ich es ruhig aus, um es zu unterstreichen:

Anrufer: «Sehen Sie? Einmal hab ich schon.»
Frau: «Ich habe keine andere Chance, oder?»
Anrufer: «Glücklich zu lachen? Nein!»
Frau: «Ich bin wahnsinnig, also schreiben Sie: 35...»
Anrufer: «Sie sind wunderbar, hoffe ich.»

Ich habe zwar schon gewonnen, aber hinterlasse noch einen freundlichen Gedanken, der meine Merkwürdigkeit unterstreicht. Gepaart mit der Frechheit, ihre Wunderbarkeit sanft anzuzweifeln («Ich hoffe ...»)

Frau: «Ich hoffe, dass Sie das auch sind.»
Anrufer: «Und irgendjemand muss mir das Flirten ja beibringen.»

Und schon habe ich den Grundstein für unser eigenes Universum mit unserem eigenen kleinen Running Gag gelegt.

Frau: «Da haben Sie noch viel zu lernen ...»

Viel zu lernen haben Sie, geschätzter Leser, nun nicht mehr. Es ist wohl eher Training gefragt und dann nur noch Genuss.

- Die Grundpfeiler der Telefonrhetorik sind Interesse und Humor. Dazu verhelfen Selbstoffenbarung und Seriosität im richtigen Moment.
- Finden Sie ein substanzielles Gesprächsthema.
- Kleine Frechheiten sind wegen der rhetorischen Machtverhältnisse wichtig.
- Irgendwann müssen Sie persönlich werden.
- Zuweilen ist ein strategischer Rückzug der einzige Ausweg, um nicht gänzlich zu verlieren.
- Und immer wieder: merk-würdig werden!
- Nach dem Erfolg nicht nachlassen!

Vorsicht!

Verzeihen Sie, eigentlich wollte ich «Nachwort» statt «Vorsicht» schreiben, aber dann hätten Sie vermutlich nicht weitergelesen. Wen interessiert schon ein Nachwort? Aber jetzt sind Sie mittendrin, und so kann ich Ihnen noch ein paar Dinge mit auf den Weg geben. Zunächst: Danke, dass Sie bis hierher durchgehalten haben. Das Schöne daran: Sie können jetzt sofort beginnen, unwiderstehlich zu werden. Das Schwierige: vielleicht das Vorgehen. Mir ist klar, dass nicht jeder Leser jeden der bisher angesprochenen Punkte beachten, bearbeiten, durchleben muss, kann und will. Ich darf Sie deshalb bitten, Ihre eigene, wunderbare Persönlichkeit in all die aufgeführten Strategien einzubringen.

Suchen Sie sich zunächst die Punkte heraus, an denen Sie am ehesten und am schnellsten etwas ändern wollen. Dann wenden Sie sich bitte nach und nach auch den aufwendigeren Komplexen zu und überdenken Sie, wie Sie diese mit Ihrer Persönlichkeit verknüpfen wollen und können. Werden Sie sensibler für Sprache und genießen Sie dadurch die Liebe und das Leben noch intensiver.

Sollten oben Themen angesprochen worden sein, die Sie überhaupt nicht mit Ihrem Wesen vereinbaren möchten, dann übergehen Sie diese einfach, aber versuchen Sie zumindest, sich deren Nutzen einmal auszumalen.

Lebensfreude und Liebesfreude sind das Ergebnis von Lernprozessen und Erfahrungen. Beides erwarte ich von Ihnen! Und jetzt überfliegen Sie bitte das ganze Buch noch einmal kurz und suchen sich die Stelle, die Sie heute noch bearbeiten möchten – und schon morgen wird Ihr Horizont in einem Aspekt der Unwiderstehlichkeit erweitert sein.

Ich freue mich, wenn Sie mir Erfahrungen, Meinungen und Gedanken mitteilen möchten, und bin für meine Leser unter www.der-flirter.de immer erreichbar. Das Flirten ist ein unüberschaubar großes Forschungsfeld – eines, das man sich nur gemeinsam mit anderen erschließen kann. Sie kennen vielleicht den amerikanischen Ausspruch «Don't kiss and tell!». (Sinngemäß: «Wenn du jemand herumbekommen hast, erzähl es nicht weiter!») Unsinn! Ich freue mich, von Ihnen und Ihren Küssen zu hören, damit auch andere von Ihren Erfolgen lernen können.

Und diese Erfolge wünsche ich Ihnen mit inniger Herzlichkeit

Ihr
Phillip von Senftleben

ANHANG:
KOMPLIMENTE UND LIEBESERKLÄRUNGEN, DIE FUNKTIONIERT HABEN

Ich möchte eine deiner Locken um meinen Finger wickeln dürfen.

Wenn ich mit dir schlafe, erregt mich am meisten der Blick in deine Augen.

Du hast grüne Augen. (Einfach die Augenfarbe einer Frau bemerken.)

Wie kann man so schön sein?!

Mit dir kann ich schweigen.

Du bist der Bestangezogene in der ganzen Firma.

In deiner Nähe reduziert sich das Universum auf zwei Augenpaare – deines und meines.

Es wird immer kalt in der Stadt, sobald du sie verlässt.

In deinen Augen ertrinke ich – und zwar gerne.

Deine Stimme klingt wie roter Samt.

Deine Stimme klingt wie blauer Samt. (Und das ist etwas ganz anderes.)

Ich werde ganz nachtnebelsanft in deiner Nähe.

Ich habe dich gefunden.

Warum lächeln deine Augen immer – auch wenn du wütend bist?

Es gibt 560 Millionen Frauen, aber Haare wie deine gibt es nur einmal.

Wie konnte ich je für Scarlett Johansson schwärmen?

Deine Körperlinie ist wie die eines Hais – gradlinig, elegant, aggressiv: Friss mich!

Es macht mich schon verrückt, wenn ich dich nur telefonieren sehe.

Deine Körperwärme ist wie eine Heimat.

Deine Haare, deine Augen, dein Denken, deine Haut sind ein Gesamtkunstwerk.

Alles an dir duftet rosig – alles.

Ich hab meinen Puls nicht mehr unter Kontrolle, wenn ich in deine Augen sehe.

Ich möchte nur noch neben dir aufwachen.

Wenn ich morgens neben dir aufwache, ist mein schönster Traum wahr geworden.

Wenn du bei mir bist, wird alles andere unwichtig.

Nimm mir die Sonne, den Mond, den Tag, die Nacht, nimm mir alles, aber gib mir dich!

Weißt du eigentlich, dass ich heimlich mit dir angebe?

Seit ich dich kenne, weiß ich endlich, worum es in Liebesfilmen geht.

Das Glücksgefühl in deiner Nähe kenne ich sonst nur, wenn der Tacho meines Jaguars 250 anzeigt.

Das Blau deiner Augen ist ozeantief.

Schenk mir noch so einen Blick, und ich verzichte auf jeden weiteren Frühling.

Warum wirken deine Augen wie ein makelloser Sommernachthimmel auf mich?

Durch dich fühle ich mich vollständig.

Du schmeckst besser als alles, was ich je probiert habe.

Du ziehst dich perfekt an, und dabei ist es so egal, wie du dich anziehst, weil man an dir ohnehin nur diese unglaublich tiefen Augen wahrnimmt.

Jedes Mal, wenn ich etwas Neues an dir entdecke, habe ich einen Grund mehr, dich zu lieben.

Ich liebe dich dafür, dass du bist – nicht, was ich will, nicht, was ich gesucht habe, sondern ganz einfach nur dafür, dass du du bist.

In deinen Augen sehe ich mich, wie ich bin.

Bevor ich dich kannte, wusste ich nicht, dass es Sterne gibt, die duften.

In deinen Augen sehe ich immer Himmel und Meer, manchmal Nachtsterne ... Aber am meisten strahlen sie, wenn ich mich darin sehe.

Es ist seltsam: Mit dir kann man kaum traurig sein; wo du bist, ist immer Licht.

Ist doch egal, was ich heute Abend mache ... Hauptsache, du bist dabei.

Neben deinem Denken ist da noch mehr Magie an dir: deine Beine.

Du kannst so sanft sein wie Katzenspuren im Schnee, aber manchmal ergebe ich mich gern dem reißenden Untier in dir.

Wenn meine Hand über deine Brüste gleitet, greife ich auch nach deinem Herz, denn ich will dich ganz. Mit allem Bleibenden und mit allem Flüchtigen.

Ich liebe dich.

DANKSAGUNG

An dieser Stelle alle zu nennen, bei denen ich mich gerne bedanken möchte, würde den Rahmen dieses Buches sprengen. Eine Liste von Freunden und Unterstützern, die vermutlich nie wirklich vollständig sein wird, finden Sie deshalb unter www.das-flirter-buch.de. Hier sei nur gesagt, dass mein erstes Buch ohne die dort Genannten nicht zustande gekommen wäre. Dafür bedanke ich mich sehr!

★ ★ ★ ★ ★

1, 2, 3, 4 oder 5 Sterne?
Wie hat Ihnen dieses Buch gefallen?

Bewerten Sie es auf

www.LOVELYBOOKS.de
Die Online-Community für alle, die Bücher lieben.

Klicken Sie sich rein und
bewerten Sie Bücher,
finden Sie Buchempfehlungen,
schreiben Sie Rezensionen,
unterhalten Sie sich mit Freunden
und entdecken Sie vieles mehr.